美国国家图书馆
珍藏名传

古代史 06

皮洛士国王
Pyrrhus

[美] 雅各布·阿伯特 著
公文慧 译

中国出版集团有限公司
华文出版社

图书在版编目（CIP）数据

皮洛士国王 / (美) 雅各布·阿伯特著；公文慧译. -- 北京：华文出版社，2023.11

（美国国家图书馆珍藏名传）

ISBN 978-7-5075-5735-0

Ⅰ.①皮… Ⅱ.①雅…②公… Ⅲ.①皮洛士（前319年-前272）—传记 Ⅳ.①K831.984.7=2

中国国家版本馆CIP数据核字(2023)第004389号

皮洛士国王

作　　者：	[美]雅各布·阿伯特
译　　者：	公文慧
责任编辑：	方昊飞　王　彤
出版发行：	华文出版社
地　　址：	北京市西城区广外大街305号8区2号楼
邮政编码：	100055
网　　址：	http://www.hwcbs.cn
电　　话：	总 编 室 010-58336239　发 行 部 010-58336202 编 辑 部 010-58336265　010-63428314
印　　刷：	三河市航远印刷有限公司
开　　本：	787mm×1092mm　1/32
印　　张：	7.125
字　　数：	90千字
版　　次：	2023年11月第1版
印　　次：	2023年11月第1次印刷
标准书号：	ISBN 978-7-5075-5735-0
定　　价：	29.80元

版权所有　侵权必究

皮洛士国王

● 古代希腊伊庇鲁斯国王。

● 幼年时,国内发生政变,皮洛士避难于伊利里亚。公元前307年,借助伊利里亚部落首领的支持夺得王位。公元前303年,在皮洛士出国期间,其为国内政变所推翻,后赴埃及。公元前297年,在其岳父埃及国王和西西里僭主帮助下,重回伊庇鲁斯复位。

● 皮洛士享受战争厮杀的快感。复位后,他受邀出战马其顿,受邀攻打罗马,受邀参战西西里,等等。然而,皮洛士征战多地,却从未真正守住一片江山。最终,在征战斯巴达的战争中,不幸身亡。

中文名:皮洛士
外文名:Pyrrhus
生卒年:公元前318年—前272年
所在国:伊庇鲁斯王国
职 业:国王
在位时间:公元前297年—前272年

在皮洛士国王生活的时代,世界上发生了哪些大事?

世界历史

公元前336年—前323年,亚历山大大帝建立地跨欧洲、亚洲、非洲的大帝国,史称"亚历山大帝国",首都是巴比伦城。

公元前323年,亚历山大大帝去世后,亚历山大帝国迅速瓦解。

约从公元前324年—前30年,希腊化时期,古代世界经历了希腊文化与东方文化的第一次大规模交融。

公元前264年—前146年,古代罗马与古代迦太基之间,为争夺地中海沿岸地区的霸权,特别是对西西里岛的拥有权,进行了三次布匿战争,最后罗马打败迦太基。

中国历史

公元前356年,秦孝公任命商鞅(公元前390年—前338年)为左庶长,实施"重农抑商"政策,进行第一次变法。

公元前350年,秦国自栎阳(今陕西省西安市阎良区)迁都咸阳,同时命商鞅开始第二次变法。

公元前328年,秦国效仿他国,开始设置相国一职,张仪为秦国第一任相国。

公元前260年,秦国、赵国长平之战,秦国坑杀赵国降卒达40万。

公元前230年,秦国灭韩国,开启统一天下的战争。

译者序

皮洛士（公元前319年—前272年）是古希腊伊庇鲁斯国王，出生于亚历山大大帝驾崩后第四年。他天赋异禀、足智多谋、内心强大、能力超群。他是西方历史上不可多得的军事奇才。两岁时，皮洛士卷入复杂的政治斗争中，在伊庇鲁斯将领的帮助下才幸免于难。之后，他一直流亡海外。十二岁时，在伊利里亚国王的支持下，皮洛士返回伊庇鲁斯夺回王位。不料国内再次发生政变，皮洛士第二次逃往海外。多灾多难的命运并没有将他打倒，反而让他变得更加坚强。随后，皮洛士加入德米特里厄斯的军队潜心学习，并多次带兵出征，屡立战功。即便这样，皮洛士还是很低调，他主动申请去埃及当人质[①]。战功赫赫、谦逊有礼的皮洛士赢得了托勒密王朝的一致认可。最终，托勒密王朝发兵伊庇鲁斯，协助皮洛士重新夺回王位。

登上伊庇鲁斯王位后，皮洛士意气风发、雄心勃勃，迫不及待地想大展宏图。就在此时，亚历山大五世邀请皮洛士协助自己攻打安提帕特二世。皮洛士应邀出兵马其顿王国，这是他第一次独自领兵作战。他的军事才能在此次战事中得到完全施展。接着，他因故与德米特里厄斯对战，但迟迟无法打败对方。此时，塔伦图姆人向皮洛士求援，请他协助攻打罗马共和国，他立即转战意大利。皮洛士率军与罗马人在西里斯河作战，最终大获全胜。然而，西里斯河战役激发了罗马人的斗志，罗马人卷土重来。久战未果，双方十分疲乏。此时，皮洛士接到西西里人的参战邀请，他们请求皮洛士协助统一西西里岛。皮洛士立即抛下意大利的战事，转战西西里岛。他以迅雷不及掩耳之势打退

[①] 见《薛西斯大帝》。——译者注

了迦太基人和麦尔提尼斯人。为彻底消灭迦太基人，皮洛士执意出征非洲。这一决定引起了西西里岛内乱。正在此时，塔伦图姆的百姓再次发出求援信号。于是，皮洛士冲破敌军的拦截，拼死返回意大利。然而，回到塔伦图姆后，他发现情况变了。此时，罗马共和国实力大增，而皮洛士自己物资匮乏。在实力悬殊的情况下，皮洛士与罗马军作战，最终全面溃败。无奈之下，皮洛士悄然返回伊庇鲁斯。返回途中，皮洛士听说马其顿王国政权不稳，便临时决定再战马其顿王国。皮洛士发起猛烈进攻，打败安提柯二世，最终占领了马其顿王国。此时的马其顿王国百废待兴、百业待举，但皮洛士不擅长治理国家。正在为难之际，皮洛士收到斯巴达人克利奥尼穆斯的邀请，请求他出兵攻打斯巴达。皮洛士立马从马其顿王国撤离，与斯巴达人开战。在斯巴达战役中，皮洛士被一位老妇人扔的瓦片击中，不幸毙命。一代奇才就此陨落。

皮洛士是当之无愧的军事奇才，但他有致命的弱点。他做事没有明确的目标和相应的计划，只享受厮杀带来的快感，却从未真正守住一片江山。皮洛士对后世将帅的影响是极大的。"战略之父"汉尼拔就自称是他的学生。皮洛士对战术的运用是非常高超的。他深知鼓舞士气对战斗胜利的影响，积极使用多兵种联合作战（如步兵与象军），强调外交策略在战争爆发前、进行中和结束后的重要作用。因此，他是名副其实的"战争艺术大师"。他在亚平宁和西西里的许多战役都被作为"经典案例"在西方军事学院中教授。西方军事史学家称他为"第二个亚历山大大帝"。

公文慧

目 录

001　第1章　奥林匹娅丝和安提帕特（公元前336年至前321年）

021　第2章　卡山德（公元前320年至前316年）

041　第3章　皮洛士的早年生涯（公元前332年至前295年）

057　第4章　马其顿战争（公元前295年至前288年）

075　第5章　意大利战争（公元前280年）

093　第6章　谈　判（公元前280年至前279年）

113	第7章	**西西里战役**(公元前291年至前276年)
135	第8章	**从意大利撤离**(公元前276年至前274年)
149	第9章	**利西马科斯家族**(公元前284年至前273年)
169	第10章	**再次攻打马其顿王国**(公元前273年至前272年)
179	第11章	**斯巴达**(公元前1000年至前272年)
193	第12章	**皮洛士的最后一战**(公元前272年)

第1章 *CHAPTER I*

奥林匹娅丝和安提帕特（公元前336年至前321年）

Olympias and Antipater (*B.C. 336—321*)

皮洛士小时候处境十分艰难。他两岁时，赶上政局动荡，有性命之虞。家里的侍从带他连夜逃离伊庇鲁斯，才让他得以幸存。此后多年，他一直流亡他乡。当时，伊庇鲁斯的形势是这样的：

伊庇鲁斯位于亚得里亚海东岸、马其顿王国西南。伊庇鲁斯离马其顿王国很近，在某些方面甚至依附马其顿王国。事实上，两国王室缔结过婚约。因此，两国不仅关系密切，并且在治国理政方面也相互影响。而凡马其顿王国出现纠纷或发生战事，伊庇鲁斯一定会介入，支持其中一方。如果伊庇鲁斯国王与百姓支持的对象不一致，那么势力较弱的一方便会受到压制。

公元前323年，马其顿国王亚历山大大帝驾崩。公元前319年，皮洛士出生。可以说，皮洛士的事业是继亚历山大大帝之后开始的。马其顿国王腓力二世娶了伊庇鲁斯国王涅俄普托勒摩斯一世的女儿奥林匹娅丝，他们生了一个儿子，就是亚历山大大帝。亚历山大大帝在位期间，伊庇鲁斯和马其顿王国的百姓都非常拥护他的统治，都视他为本国王室血脉，以他为傲。奥林匹娅丝嫁给腓力二世后，时而住在马其顿王国，时而住在伊庇鲁斯。时间久了，奥林匹娅丝不仅与伊庇鲁斯关系密切，还使两国王室的关系密切起来。奥林匹娅丝在两国间牵线搭桥，再加上亚历山大大帝成就辉煌，百姓拥护，这一切使两国政权不断融合。

虽然伊庇鲁斯与马其顿王国关系友好，但要是断定腓力二世和奥林匹娅丝之间从来没有分歧，那就大错特错了。事实上，亲密的外衣下往往隐藏着剑拔弩张的气氛。奥林匹娅丝脾气有点儿暴躁，飞扬跋扈，固执己见。腓力二世是典型的急性子，行事冲动。因此，他们的生活时常是"鸡飞狗跳"。新婚之初，每每产生分歧，腓力二世都会让着奥林匹娅丝。奥林匹娅丝无视伊庇鲁斯王位继承顺序的相关规定，强行劝说腓力二世扶持她的弟弟登上了王位。谁知伊庇鲁斯的顺位继承人不甘放弃。于是，伊庇鲁斯国内很快形成两大阵营。腓力二世一直尽量满足和包容奥林匹娅丝，而奥林匹娅丝却利用腓力二世的包容，不断给伊庇鲁斯惹祸。

经过一段时间，奥林匹娅丝耗尽了腓力二世的耐心，两人发生了一场激烈的争吵。为了发泄对奥林匹娅丝的不满，腓力二世另娶克利奥帕特拉。因此，这场婚姻不只是出于政治联盟目的。腓力二世认为迎娶奥林匹娅丝是人生中最大的败笔，而奥林匹娅丝也满怀愤懑地返回伊庇鲁斯，寻求弟弟的保护。

腓力二世和奥林匹娅丝分开后，他们的儿子亚历山大留在马其顿王国。当时，亚历山大差不多十九岁。对于父母之间的争吵，亚历山大站在母亲奥林匹娅丝这边。母亲奥林匹娅丝离开后，亚历山大待在马其顿王国，但他一直闷闷不乐。后来，在一场盛宴上，在奥林匹娅丝的授意下，几位客人说了几句挑拨的话。于是，亚历山大与腓力二世发生了激烈口角。争辩期间，亚历山大公开谴责和挑衅腓力二世。随后，亚历山大愤然离席前往伊庇鲁斯投奔母亲奥林匹娅丝。当然，伊庇鲁斯的百姓也知道此次冲突。他们中一部分人支持腓力二世，另一部分人支持奥林匹娅丝和亚历山大。

亚历山大离开马其顿王国不久，腓力二世遭人暗杀。一时之间，人们纷纷猜测这是奥林匹娅丝指使人下的毒手。不过，一切都只是猜测，无人能拿出确凿的证据。其实，奥林匹娅丝既伶俐又强势，既率真又鲁莽。如果人们真把谋杀罪名扣在她头上，倒也无可辩驳。也就是说，如果人们认定行刺之人是奥林匹娅丝的手下，即使证据不足，她也难逃嫌疑。

无论腓力二世是否为奥林匹娅丝所害，对奥林匹娅丝而言，他的死都是一桩幸事——奥林匹娅丝的地位提升了，她心中的大计也可向前大大推进了。腓力二世驾崩后，亚历山大继承王位；奥林匹娅丝回到马其顿王国。当时，亚历山大还年轻，奥林匹娅丝便以为自己可以大显身手。然而，现实还是让她失望了。暂且不论在其他事情上亚历山大大帝是否备受赞誉，单从孝顺父母方面讲，他的确无可指摘。亚历山大大帝一生都善待奥林匹娅丝，并且非常敬重她。不过，在治理国家方面，亚历山大大帝一向很有主见，几乎从不向母亲奥林匹娅丝妥协。亚历山大大帝自主制订并实施国家发展计划。即使与奥林匹娅丝发生争执，亚历山大大帝也从不退让。很快，奥林匹娅丝就意识到控制不了儿子，慢慢便不再争了。这样的结果并不让人意外——我们经常能见到面对丈夫时咄咄逼人、毫不退让的女人在儿子面前偏偏言听计从。

亚历山大大帝在位期间，王宫内风平浪静，但平静只是表面上的。奥林匹娅丝只能和亚历山大大帝友好相处，一旦亚历山大大帝离开马其顿王国去东征，她就开始不断与留在马其顿王国的文臣武将争吵。不过，亚历山大大帝每次都能在冲突恶化前妥善处理。亚历山大大帝情商很高，在化解大臣和奥林匹娅丝的矛盾时，既体现出自己对母亲的尊重，又能牢牢掌握马其顿王国的实权。

就这样，亚历山大大帝用贴心的照顾平息了奥林匹娅丝内心的怒火，让其享受马其顿王室的最高尊荣。同时，他始终将奥林匹娅丝排除在核心权力之外。

亚历山大大帝东征时，留守马其顿王国的最高将领是安提帕特。安提帕特近七十岁高龄，德高望重。他才华横溢、智勇双全，不仅是腓力二世的得力干将，也是马其顿王室的股肱之臣。在亚历山大继位前，他已辅佐腓力二世多年。先王腓力二世非常信任、看重安提帕特，常对他委以重任。安提帕特虽然位高权重、威望极高，但谦逊朴实、待人随和，对所有人一视同仁，毫无私心，一心一意辅佐国王管理国家。宫中流传着许多安提帕特的逸闻趣事。从这些事中我们可以看出人们对安提帕特的评价。例如，有一次，有特别重要的事亟待腓力二世解决，但那天早上腓力二世睡过头了。之后，腓力二世安慰大臣们说："我今天醒得太晚啦，但我知道安提帕特肯定不会起晚。"就连亚历山大大帝也曾对安提帕特表达过崇高的敬意。例如，有一次，有人发现安提帕特竟然没有穿紫色长袍上朝——当时，紫色长袍象征尊贵，是马其顿王国的将领和大臣们的常服。亚历山大大帝却回应道："其他人的紫色长袍是穿在身上，安提帕特的紫色长袍却是穿在心上。"

总之，举国上下都非常敬重安提帕特，人们欣赏他的才干和品行。因此，在亚历山大大帝东征期间，马其顿王国的百姓都乐意接受安提帕特的治理。奥林匹娅丝却一直找安提帕特麻烦。安提帕特遵照亚历山大大帝的嘱托，尽职尽责，一心为百姓着想，丝毫不向奥林匹娅丝妥协。奥林匹娅丝发现安提帕特不听她的指挥，就动用各种手段给安提帕特难堪，从而阻挠安提帕特开展工作。此外，她还不断给亚历山大大帝写信抱怨安提帕特。有的抱怨是歪曲事实，有的是毫无依据的中伤。同样，安提帕特也不断写信给亚历山大大帝，抱怨奥林匹娅丝屡屡干政，不断给自己制造麻烦。最初，每逢安提帕特和奥林匹娅丝不和，亚历山大大帝都能妥善解决。不过，时间久了，亚历山大大帝也没了耐心，便决定另寻他人代替安提帕特。正好一批新招募的士兵即将从马其顿王国出发前往亚洲，亚历山大大帝便令安提帕特与他们同行。同时，亚历山大大帝令结束服役的大将克拉特拉斯率兵回国。亚历山大大帝的计划是让安提帕特前往亚洲任职，由克拉特拉斯摄政。亚历山大大帝认为克拉特拉斯也许能和奥林匹娅丝友好相处。

计划本是等克拉特拉斯抵达马其顿王国后，安提帕特再动身前往亚洲。然而，克拉特拉斯尚未到达马其顿王国，亚历山大大帝就驾崩了。一夜之间，万事剧变，一堆问题纷至沓来。这一切彻底改变了奥林匹娅丝的处境和命运。马其顿王国的情况大致如此。接下来的故事情节比较复杂，需要读者仔细梳理。

亚历山大大帝驾崩后，人们首先面对的是王位继承问题。那时，亚历山大大帝尚无子嗣，家族中也没有顺位继承人。在亚历山大大帝驾崩后不久，他的妻子罗克珊娜诞下一名婴儿。实际上，罗克珊娜是巴克特里亚贵族奥克夏特斯的女儿。当时，亚历山大大帝四处掳掠少女。为保护女儿，奥克夏特斯把罗克珊娜安置在粟特岩山的要塞。不幸的是，亚历山大大帝还是发现了她，并把她和其他少女带回马其顿王国。在数以千计的少女中，罗克珊娜最漂亮、最可爱。于是，初见罗克珊娜，亚历山大大帝就决定娶她。罗克珊娜嫁给亚历山大大帝四年后，即公元前323年，亚历山大大帝驾崩。几个月后，他们的孩子出生了，而那时的罗克珊娜还非常年轻，风韵不减。

除了儿子，亚历山大大帝还有一位同父异母的哥哥。这个哥哥宣称自己有继承权，其理由非常直白——他在亚历山大大帝驾崩前就已经存在，而亚历山大大帝的儿子在亚历山大大帝驾崩后数月才出生。亚历山大大帝的哥哥叫阿里戴乌斯。他是个低能儿，毫无政绩，非常平庸。他唯一值得一提的地方是位于亚历山大大帝继承人之列。阿里戴乌斯的母亲不是奥林匹娅丝，而是腓力二世的另一位妻子菲莉涅。阿里戴乌斯变成低能儿是因为他小时候曾遭奥林匹娅丝下药毒害。因为奥林匹娅丝痛恨阿里戴乌斯的母亲菲莉涅，认为是他母亲菲莉涅导致腓力二世残忍地抛弃了自己。然而，毒药没夺走阿里戴乌斯的性命，却毒坏了他的大脑，使他智力低下。亚历山大大帝登基后，为避免母亲奥林匹娅丝再次伤害阿里戴乌斯，抑或是出于其他原因，他采取了多项措施，就连东征时也带上阿里戴乌斯。因此，亚历山大大帝驾崩时，阿里戴乌斯正陪在他身边。

虽有两位继承人，但一时之间，两人都无法胜任国王之职。亚历山大大帝的儿子尚年幼，阿里戴乌斯又是低能儿，两人完全没有处理政务的能力。于是，马其顿王国的权力落入亚历山大大帝的文臣武将手中。经过商议，他们最终决定让两位继承人共同继位。大臣们称阿里戴乌斯为腓力三世，称罗克珊娜的孩子为亚历山大四世，然后再以他们二人的名义划分帝国权力。

帝国权力划分情况如下：名将托勒密负责埃及和非洲其他地区。托勒密是埃及法老系统的继承人，建立了举世闻名的托勒密王朝。托勒密王朝自托勒密一世始，到埃及女王克利奥帕特拉七世[①]兵败自杀为止，享国二百七十五年。安提帕特和克拉特拉斯负责管理马其顿王国、希腊和欧洲其他地

---

① 即埃及艳后。——原注

区。亚历山大大帝驾崩时，克拉特拉斯正奉命赶往马其顿王国。那时，克拉特拉斯身体欠佳，无法继续带兵。幸好亚历山大大帝派了名将波利伯孔协助他。回到马其顿王国后，波利伯孔在一系列事件中发挥了重要作用。

除了非洲的埃及、欧洲的马其顿王国和希腊，马其顿王国还包括亚洲的叙利亚和小亚细亚等地区。亚历山大大帝在世时，曾命将领治理这些地区。亚历山大大帝驾崩后，将领们纷纷掌握这些地区的权力。起初，这种划分权力的办法维持了相对平稳的局面。虽然权力划分是以腓力三世的名义进行的，但幕后的实际操纵者是大将佩尔狄卡斯。佩尔狄卡斯凭借权力优势掌握了帝国的军政大权。显然，佩尔狄卡斯的真实目的是夺取政权。为达到目的，他拥护罗克珊娜的儿子登基，打算趁孩子年幼摄政。然而，他的计划遭到其他将领的反对，因为这些将领支持阿里戴乌斯登基。于是，军中形成两大阵营，矛盾愈演愈烈，剑拔弩张的状态久久无法消除，内战一触即发。如果爆发内战，巴比伦必定最先遭殃。最终,内战并未爆发。双方决定各退一步——由阿里戴乌斯和罗克珊娜的儿子共同执政,佩尔狄卡斯继续在巴比伦摄政。当时,罗克珊娜的孩子还没出生。因此,他们仍以腓力三世的名义划分权力。实际上,这一切都是佩尔狄卡斯的主意。他打算借此机会让反对他的将领远离巴比伦,从而最大限度减轻自己夺权的阻力。

帝国权力划分结束后,帝国内部事务暂时得到解决。接下来佩尔狄卡斯开始考虑借外力扩大自身权力。显然,获取外力最好的办法就是缔结婚约。谋士们给佩尔狄卡斯推荐了两名人选:一位是奥林匹娅丝的女儿克利奥帕特拉,另一位是安提帕特的女儿尼西娅。两人都能满足佩尔狄卡斯借力的需求。克利奥帕特拉是一个年轻的寡妇,她曾嫁给伊庇鲁斯国王亚历山大一世。她现在住在小亚细亚的萨迪斯。因为克利奥帕特拉是亚历山大大帝的妹妹,谋士们便强烈建议佩尔狄卡斯娶她。如果佩尔狄卡斯娶了克利奥帕特拉,那么他就能获得奥林匹娅丝和亚历山大家族的支持。佩尔狄卡斯觉得可行，便派人以自己的名义拜访克利奥帕特拉，并送去礼物。奥林匹娅丝和克利奥帕特拉以为事情就这么定了。

谁知安提帕特安排的一场特殊会面扭转了事情的走向。安提帕特直接派人把女儿尼西娅送到佩尔狄卡斯身边。当尼西娅抵达巴比伦时，佩尔狄卡斯的信使已经在去见克利奥帕特拉的路上。尼西娅见到佩尔狄卡斯后，向他详细阐述了与安提帕特结盟的好处。她提到，虽然奥林匹娅丝名号响，但她没有实权。相反，安提帕特不仅统辖着当时世界上最富有、人口最多的国家，还手握重兵，统领着当时世界上作战最勇猛、纪律最严明的军队。安提帕特虽然年事已高，但仍是一名得力干将。这番话让佩尔狄卡斯觉得安提帕特的确比奥林匹娅丝有优势，尼西娅的话彻底说服了佩尔狄卡斯。最终，佩尔狄卡斯娶了尼西娅。奥林匹娅丝本来就特别讨厌安提帕特，现在得知安提帕特竟取代自己与佩尔狄卡斯结盟，更是十分恼怒。

在佩尔狄卡斯定下婚约后，腓力三世的婚事也提上日程。马其顿王室中有一个叫库娜涅的女人。她是先王腓力二世的女儿、亚历山大大帝同父异母的姐姐。库娜涅有个女儿叫欧里狄克。库娜涅打算把女儿欧里狄克嫁给腓力三世,这样她就可以像罗克珊娜和她刚出生的孩子一样,得到佩尔狄卡斯的保护。为实现目标,库娜涅带着欧里狄克前往亚洲。其实,对库娜涅和欧里狄克来说,这个计划异常凶险。因为佩尔狄卡斯压根不想让腓力三世娶妻生子,更何况欧里狄克还是马其顿王室成员。得知库娜涅的计划后,佩尔狄卡斯非常气愤,立即派人拦截追杀她们。然而,佩尔狄卡斯没想到自己的做法引起了马其顿王国全军将士的不满。将士们认为自己有义务守护亚历山大家族的每位成员。因此,他们不允许任何人以任何方式伤害库娜涅和欧里狄克。面对将士们的强烈抗议,佩尔狄卡斯非常害怕,他立即收回先前的命令。此外,为弥补过错、平息众怒,在欧里狄克抵达巴比伦时,佩尔狄卡斯甚至盛情款待了她,同意她嫁给腓力三世。欧里狄克如愿嫁给腓力三世后,人们的怒气平息了。欧里狄克在历史上留下了重要的一笔。

在佩尔狄卡斯和腓力三世各自缔结婚约之际，欧亚地区的马其顿王国的将领们也在处处较劲。看似平静的朝局之下暗流涌动。不过，这种状态并没有波及伊庇鲁斯，在此就不详述了。我们只需要知道，佩尔狄卡斯丝毫没有放缓夺权的脚步。他一步步地制订计划，企图将整个帝国的权力归为己有。身处马其顿王国的安提帕特也与他多次碰面，密谋夺权大计。划分权力注定要使国家出现地方与中央抗衡的局面。最初，这种抗衡主要表现为小规模的冲突。考虑到女儿尼西娅嫁给了佩尔狄卡斯，安提帕特不愿公开与佩尔狄卡斯对抗。然而，随着矛盾不断升级，佩尔狄卡斯最终决定抛弃尼西娅，迎娶克利奥帕特拉。得知消息后，安提帕特立即决定向佩尔狄卡斯开战。战事分两条战线。佩尔狄卡斯率领一支军队，带腓力三世、欧里狄克、罗克珊娜及她的孩子亚历山大四世，向埃及进发，与托勒密开战。同时，安提帕特和克拉特拉斯率领一支庞大的军队穿过达达尼尔海峡向小亚细亚进发，准备攻打巴比伦的佩尔狄卡斯。佩尔狄卡斯便派一名杰出的将领率军在小亚细亚迎战安提帕特和克拉特拉斯，自己则在埃及带兵作战。

这场战事给佩尔狄卡斯造成了致命的打击。而安提帕特克服了重重困难，成功穿过小亚细亚。不幸的是，克拉特拉斯在一次战役中丧生了。虽然克拉特拉斯倒下了，但他率领的部队最终取得了战役的胜利。自此，战事朝着对佩尔狄卡斯不利的方向发展。在埃及，佩尔狄卡斯的军事行动也非常不顺。大军行至埃及边境时，佩尔狄卡斯突然发现自己的士兵根本无心对抗托勒密。原因是托勒密是一位受人敬重的老将，他心怀正义、聪明能干，一直悉心治理埃及，并且为人谦逊，深得民心。佩尔狄卡斯对将士们的表现非常不满，他懊恼地称他们为"叛徒"，并扬言要狠狠惩罚他们。这让将士们非常气愤。起初将士们只是低声抱怨，后来就开始向佩尔狄卡斯高声抗议："你又不是我们的国王，凭什么这样飞扬跋扈？你只是辅佐国王而已，竟然这么目中无人，我们才不要听你的。"听到将士们的这番话，佩尔狄卡斯非常惊讶，他没想到军中将士对自己竟如此不满。于是，他赶紧改变说话的口气，不断安抚将士。最终，他勉强重振军纪，率兵进入埃及。

率军横渡尼罗河后，佩尔狄卡斯在一处坚固的堡垒中对托勒密一方发起攻击，而他自己则掩藏在军队后面。虽然佩尔狄卡斯的军队人数多，但士气比较低落。而托勒密的将士非常敬重自己的首领，士气很高，个个斗志昂扬。很快，佩尔狄卡斯损失惨重，败下阵来。于是，他决定率兵撤回尼罗河另一边。将士们到达河岸开始横渡时，发现尼罗河水在慢慢上涨。令人惊讶的是，当大概二分之一的士兵过河后，河水竟涨至腰际，将士们完全无法通过。对此，人们非常困惑，毕竟岸边标记水位的刻度没有发生变化。后来，人们终于意识到，水位反常上涨是因为渡河过程中前行的将士和战马搅起的河底泥沙被河水冲走了，而将士和战马的数量越多，泥沙流失得就越快。最后，军队才渡过一半，河水就已经深到无法徒涉。一半军队在对岸，而自己和剩下的一半军队困在河这边，佩尔狄卡斯陷入两难境地。

佩尔狄卡斯意识到这样的处境非常危险，惊恐万分，绞尽脑汁应对。然而，他思来想去还是一头雾水，不知如何是好。最后，为了将军队集结在一处，他下令让尼罗河对岸的将士排除万难渡回河这边。将士们只能照做。然而，在渡河过程中，河水没过许多将士的头，并将他们卷入漩涡冲走。此时，河两岸的鳄鱼更是伺机而动，争相吞食那些死去或濒死的将士。在整个渡河过程中，大概有两千名将士丧生。

尽管评判军事行动成功与否的唯一标准是战役能否取得成功，但战友们惨死的场面还是再次激怒了众将士。很快，佩尔狄卡斯的军队发生了兵变，军中的将领各自率领大批士兵投靠托勒密，而留下来的将士不是为了保护佩尔狄卡斯，而是为了杀他。为防止佩尔狄卡斯逃跑，将士们派一队战马围在佩尔狄卡斯营帐周围。当将士们冲进营帐时，佩尔狄卡斯已在惊恐与绝望中死去。

托勒密到达佩尔狄卡斯的营地时，受到了众将士的热烈欢迎。全军将士自愿归降。紧接着，托勒密开始安排众将士护送国王及随从回国。将领皮东受命接管佩尔狄卡斯的军队，并负责护送王室成员回国。此时，安提帕特也击败佩尔狄卡斯的军队，成功进入亚洲。人们再次召开会议，重新划分帝国权力。在新的帝国版图中，安提帕特依旧负责管理马其顿王国和希腊，以国王的名义摄政。一切安排妥当后，安提帕特率军护送腓力三世、欧里狄克、罗克珊娜和亚历山大四世及随行人员回国。当时，这位德高望重的老将已八十多岁。得知安提帕特回国的消息后，马其顿王国的百姓列队欢迎。实际上，人们欢迎安提帕特回国有几方面原因：一是他率领大军东征亚洲凯旋，值得庆贺；二是他把马其顿王室血脉带回；三是他还要继续辅佐两位新王，并以国王的名义摄政。因此，马其顿王国的百姓热烈欢迎安提帕特回国。

第 2 章　*CHAPTER II*

卡山德（公元前 320 年至前 316 年）

Cassander (*B.C. 320—316*)

返回马其顿王国时，安提帕特已荣誉满载、重兵在握。不过，并非所有人都欢迎他。例如，奥林匹娅丝和欧里狄克就视他为仇敌。她们野心勃勃、脾气暴躁，都曾不断找安提帕特麻烦。不过，可笑的是，奥林匹娅丝和欧里狄克的矛盾更尖锐。

安提帕特回国时，奥林匹娅丝待在伊庇鲁斯，并不想回去，因为回去就意味着她要屈服在安提帕特的权势之下。即使身处异地，奥林匹娅丝还是给安提帕特制造了很多麻烦，因为她本来就憎恶安提帕特。安提帕特后来又用计让佩尔狄卡斯娶了自己的女儿尼西娅，从而破坏了奥林匹娅丝的联姻计划，这让奥林匹娅丝十分气愤。因此，尽管此时尼西娅和佩尔狄卡斯已经去世，奥林匹娅丝还是无法原谅安提帕特。

比起奥林匹娅丝，欧里狄克更让安提帕特头疼。欧里狄克虽为女人，却有男子气概。欧里狄克小时候，母亲库娜涅把她当男孩培养，让她学习各种军事技能。欧里狄克会射箭，会投标枪，还能率领骑兵。嫁给腓力三世后，欧里狄克认为将领只是辅佐国王的，最多也只是摄政，而自己贵为王后，权力必定比将领大。因此，欧里狄克表现得不可一世。在出征埃及途中，佩尔狄卡斯就发现难以驾驭欧里狄克。佩尔狄卡斯死后，欧里狄克更加飞扬跋扈。在回国途中，她还不时与皮东争吵，并且坚决不同意安提帕特摄政。

关于安提帕特摄政的会议在叙利亚的特里帕拉迪苏斯举行。安提帕特率军穿过小亚细亚，在特里帕拉迪苏斯与埃及军队会合。两军会合后，会议立即召开。在会上，欧里狄克坚决反对安提帕特摄政。安提帕特便指责她有意制造事端，这让欧里狄克十分恼火。最终，安提帕特获得摄政权。于是，欧里狄克在全军将士面前发表了一番慷慨激昂的演说后愤然离场。欧里狄克严词控诉安提帕特试图激起将士们发动叛乱。尽管安提帕特冷静地对欧里狄克的控诉一一做出辩驳，但欧里狄克激烈的言辞还是激起将士们的愤怒。很快，军中爆发叛乱。安提帕特一度处境危险，幸好几位将领冒着生命危险把他从包围中救出。

最终，混乱的场面被控制住，将领们保留了安提帕特的任命决议。此时，欧里狄克意识到自己不得不屈服。实际上，在制造混乱后，欧里狄克依然没有实权。她一向行事果决、能屈能伸。意识到搞不垮安提帕特后，她虽然不甘心，但还是向现实妥协了。这就是安提帕特和欧里狄克在返回马其顿王国途中的较量。

安提帕特很清楚，回到马其顿王国后，自己和奥林匹娅丝及欧里狄克的较量还会继续。然而，谁也没想到，较量还没开始就结束了。安提帕特回到马其顿王国后不久就身患重病，加上年老体衰，很快便卧床不起，奄奄一息。安提帕特知道自己将不久于人世，便立即着手权力交接事宜。

读者们应该记得，前文提到，亚历山大大帝驾崩时，克拉特拉斯正在返回马其顿王国的路上。当时，与克拉特拉斯同行的将领叫波利伯孔。波利伯孔名义上是克拉特拉斯的副将，但实际上由于克拉特拉斯体弱多病，波利伯孔一直掌握着军中实权。后来，安提帕特和克拉特拉斯前往亚洲攻打佩尔狄卡斯时，让波利伯孔在马其顿王国摄政，直到他们返回马其顿王国。安提帕特有个儿子叫卡山德，是一名将领。卡山德一直以为父亲安提帕特在外征战期间会将王国的权力交给自己，但安提帕特最终让波利伯孔摄政。波利伯孔熟知马其顿王国的大小事宜。同时，波利伯孔的管理能力也很强，百姓都乐意接受他的统治。因此，安提帕特决定死后把王国的权力交给波利伯孔。于是，安提帕特留下遗嘱，把军队的最高权力交给波利伯孔，而卡山德只需负责王国的其他事务。对此，卡山德一直无法释怀。不过，在马其顿王国百姓心中，安提帕特的形象更加高大了，因为在权力移交问题上，安提帕特把家族的利益让位百姓的福祉。人们称赞安提帕特的做法前无古人。

病床上的安提帕特特意嘱咐波利伯孔要警惕女人，千万不要让女人染指国家权力。他说："女人本性冲动，容易感情用事。处理国事需要冷静、慎重、自制，而这些都是女人缺乏的。因此，你一定要当心啊！"虽然安提帕特没有明说，但大家都知道他指的是奥林匹娅丝和欧里狄克。她们一向爱制造麻烦，可以想象，在安提帕特去世后，她们会更加肆无忌惮。

然而，波利伯孔似乎并没将安提帕特的建议放在心上。安提帕特死后，波利伯孔立即召开会议商讨国家大事。其中一项决定就是立即派人去伊庇鲁斯接回奥林匹娅丝。波利伯孔认为奥林匹娅丝是亚历山大大帝的母亲，马其顿王国的百姓都特别尊敬她。既然奥林匹娅丝的影响力巨大，那么赢得奥林匹娅丝的支持就能巩固自己的权力。波利伯孔一边笼络奥林匹娅丝，一边刻意疏远卡山德及安提帕特家族的其他成员。在波利伯孔的心中，安提帕特家族是自己的对手，因此要压制住他们。

安提帕特的儿子卡山德是一员猛将。他处事冷静果决，却壮志难酬。波利伯孔摄政期间，他一直行事低调。卡山德暗中观察波利伯孔的一举一动，默默筹划夺权。例如，有一次，卡山德约了几位好友去狩猎。途中，他们到了一处比较隐蔽的地方，卡山德把朋友们召集在一起，告诉他们自己再也不想受波利伯孔控制了。他说："我卡山德才是正经的继承人，所以我一定要夺回属于我的东西。"接着，卡山德劝说朋友们加入自己的队伍。

卡山德的理由非常充分。首先，他说："加入我的队伍，你们才能保住性命。"因为这些人都是安提帕特的好友和亲信，而波利伯孔一直拉拢的奥林匹娅丝非常讨厌安提帕特，所以最后奥林匹娅丝很容易把仇恨转移到安提帕特的好友和亲信身上。其次，卡山德提出亚洲地区的文臣武将非常支持自己，因为他们曾与安提帕特交好，他们非常乐意帮助自己。最后，卡山德认为腓力三世和欧里狄克也会加入自己的阵营。因为他们和奥林匹娅丝一向不和，而波利伯孔拉拢奥林匹娅丝的行为必然会引起腓力三世和欧里狄克的不满。

很快，卡山德的朋友就接受了建议。一切都朝着卡山德预期的方向发展。亚洲地区的文臣武将向卡山德提供了切实的帮助。另外，奥林匹娅丝同意支持波利伯孔一事让欧里狄克下定决心支持卡山德的夺权大计。不久，卡山德和波利伯孔之间爆发了一场恶战。战事在希腊展开，后来波及离马其顿王国较远的一些国家。对于这场战事，无须赘述，毕竟战事中心不在马其顿王国，并且我们讨论的敌对双方都没有直接受到战事影响。

在这里需要说明一点，最初，波利伯孔请奥林匹娅丝回国时，奥林匹娅丝并没有直接答应。她一直犹豫不决，便咨询朋友，但谁也说不准哪条路更好。奥林匹娅丝深知自己从前树敌颇多，因此，只要她回到马其顿王国，敌人就会再次出手。此外，马其顿王国的政局尚不明朗。虽然安提帕特将王国权力交给了波利伯孔，但目前还不知道民众是否接受这种安排，也不知道波利伯孔的权力是否稳固。因此，奥林匹娅丝决定继续留在伊庇鲁斯，与波利伯孔就王国事务保持联系。同时，奥林匹娅丝还密切关注波利伯孔与卡山德在希腊的战事。战事爆发时，奥林匹娅丝非常焦虑。

卡山德的力量不容小觑。他从亚洲盟友那里借来大批兵力，加上他作战勇猛、善于用兵，很快就将波利伯孔的军队打得节节败退。波利伯孔想尽办法，还是无法扭转局势。就在这时，一件奇特的事情发生了。伯罗奔尼撒半岛上有一个叫迈加洛波利斯的小城，这里的人拥护卡山德。波利伯孔派人到这里招降时，小城里的百姓藏起所有财物，俨然做出备战姿态。波利伯孔只好率军攻城。

首先，波利伯孔派兵包围了小城。然后，他命人一边四面出击吸引小城守卫士兵的注意，一边命工兵悄悄在城墙下挖掘坑道。具体做法是：先挖一条通往城墙地基的通道。将地基挖空后，用支撑物顶住上面的建筑。一切准备妥当后，工兵将支撑物推倒，地面建筑就会随之塌陷。如果施工顺利的话，小城的人丝毫不会察觉，最后只能眼睁睁看着城墙瞬间坍塌、防线出现缺口。最终，波利伯孔成功完成了这项计划。三座哨塔连带周围的城墙轰然倒塌，力度大到使哨塔的一半直接没入地下，现场只留下一片废墟。

小城的守军立即抢修城墙，防止敌人攻入。波利伯孔则派一支劲旅从缺口强势攻入。小城的士兵拼死抵抗。后来，城中壮丁纷纷加入战斗，抵御外敌。城中的妇女和儿童则趁机匆忙在城墙内侧建造另一条防线来修补缺口。最终，小城的百姓成功击退了敌人。就在城中百姓庆祝自己劫后重生时，传来一个特别恐怖的消息——围城的人要派大象强行冲过缺口。当时，亚洲人在战事中用大象，但希腊人很少用。现在，波利伯孔的队伍却有很多头大象。得到消息后，小城的百姓非常恐慌，仿佛已经看到自己惨死在大象的脚下的场景，人们完全不知如何应对。

庆幸的是，小城里有一个叫达米德斯的士兵，他年轻时曾追随亚历山大大帝东征。达米德斯找到小城军队的总指挥，说："没什么可怕的。您继续准备防御事宜，大象的事情就交给我吧！相信我，我一定会搞定那些大象。"指挥官接受了他的建议。于是，达米德斯立即命人打造大量铁钉，然后把这些铁钉牢牢钉在木桩的一端，再把这些木桩固定在战壕和城墙缺口附近。固定木桩时，达米德斯特意让人把铁钉尖锐的一侧朝外，让铁钉突出，然后再给木桩盖上稻草等，让人看不出来。

一切准备妥当后,战斗再次爆发。大象冲向城墙缺口时纷纷踩到铁钉。象群陷入混乱,无法前行。有的大象伤得太重,倒在地上站不起来;有的大象受到刺激已经疯狂,回转身朝反方向奔去,结果在奔逃过程中把驯兽师踩死了。很快,战壕附近就堆满了大象和敌军士兵的尸首。面对这一场景,波利伯孔不得不放弃攻城。

最终,卡山德获胜,波利伯孔退回了马其顿王国。

波利伯孔和卡山德在希腊大战时,奥林匹娅丝决定返回马其顿王国助波利伯孔一臂之力。当时,伊庇鲁斯的国王是奥林匹娅丝的弟弟。他派一支军队护送奥林匹娅丝回国。奥林匹娅丝打算在伊庇鲁斯到马其顿王国的途中与波利伯孔会合。听说奥林匹娅丝要返回马其顿王国,欧里狄克非常恐慌,因为奥林匹娅丝是她最大的政治对手。欧里狄克非常清楚,一旦奥林匹娅丝回国,从波利伯孔手中得到权势,马其顿王国就不可能有自己和丈夫腓力三世的容身之地了。于是,欧里狄克立即召集人马武装起来,组成一支庞大的队伍。欧里狄克任总指挥。她还派人给卡山德送信,要求他立刻返回马其顿王国协助自己。同时,她还以腓力三世的名义向波利伯孔下令,要求他把兵权交给卡山德。当然,这只是幌子。欧里狄克很清楚,波利伯孔不可能听令行事。一切安排妥当后,欧里狄克以迎接波利伯孔回国的名义率军出城。一旦波利伯孔拒绝交出兵权,她就向波利伯孔宣战。

然而,见到奥林匹娅丝时,欧里狄克所有计划都化为乌有。两军靠近时,欧里狄克的士兵完全放弃了进攻。他们看到奥林匹娅丝,就想起奥林匹娅丝是先王腓力二世的妻子、亚历山大大帝的母亲,现在她返回了自己的国家。而此刻,奥林匹娅丝就坐在精致的马车里,其身后波利伯孔的军队都以她为尊,奥林匹娅丝俨然是一位女王。这让欧里狄克的士兵异常激动,他们纷纷抛弃欧里狄克,加入了波利伯孔的队伍。

可想而知,欧里狄克和丈夫腓力三世成了波利伯孔的阶下囚。看到劲敌最终落入自己手中,奥林匹娅丝极度兴奋。她命人把欧里狄克和腓力三世关进地牢。地牢的空间只勉强容人站立，连转身的空间都没有。无人理会他俩，只有狱卒不时从墙上的洞口投入糙食。

困住欧里狄克后，奥林匹娅丝开始拿安提帕特的族人泄愤。与此同时，卡山德连忙率军计划途经色萨利往马其顿王国赶。奥林匹娅丝派人抓了安提帕特另一个儿子尼卡诺。最后，奥林匹娅丝杀死了包括尼卡诺在内的一百多个安提帕特的家人和朋友。事实上，她对安提帕特家族的恨意让她几近疯狂。安提帕特有一个已去世多年的儿子。奥林匹娅丝还命人掘开坟墓，把尸骨拖出来扔到街上。奥林匹娅丝身边的人慢慢地开始对她的暴行表示不满。然而，这些人的不满不仅没让奥林匹娅丝收敛，反而进一步刺激了她。她命人用匕首刺死腓力三世。残忍杀害腓力三世后，奥林匹娅丝还命行刑者带着匕首、绳索和毒酒到欧里狄克面前，让她选择一种死法。听到这话，欧里狄克回应说："我祈求上苍，愿日后奥林匹娅丝也有这种选择！"说完，她撕开身上的亚麻长裙把丈夫腓力三世的伤口包好。接着，她没有选择奥林匹娅丝给的死法，而是从裙子上撕下一条带子，勒紧自己的脖子窒息而亡。

马其顿城的事情很快就传到卡山德这里。那时，卡山德正率军向希腊北部行进。去往色萨利的途中，他要经过塞莫皮莱关（温泉关）。然而，卡山德发现波利伯孔派兵守在这里阻碍他通行。于是，卡山德立即命人将所有船集中到一起，然后让士兵们登上甲板，从海路通过峡谷。在色萨利登陆后，他们继续向马其顿王国行进。

卡山德率军向马其顿王国开进时，波利伯孔和奥林匹娅丝也在积极备战。奥林匹娅丝带着罗克珊娜及五岁的亚历山大四世到马其顿王国各城邦游说，号召人们拿起武器，踊跃参军。同时，她四处筹集钱财和物资。奥林匹娅丝还派人前往伊庇鲁斯，恳请皮洛士的父亲埃阿喀得斯，也就是当时伊庇鲁斯的国王率军前来援助。同时，波利伯孔也在想方设法增强自身实力。

进入马其顿王国后,卡山德兵分两路。他的得力干将率领一支军队与波利伯孔作战;而他自己则率兵追赶奥林匹娅丝。听到卡山德回城,奥林匹娅丝赶紧逃到马其顿王国东南部的皮纳德城。皮纳德城位于爱琴海海岸。奥林匹娅丝深知自己的兵力不足以抵抗卡山德,就在皮纳德城内建造防御工事。卡山德很快抵达皮纳德城外,他发现这座城易守难攻,于是决定派兵从陆路和海路包围这座城。

皮纳德城内没有储备足够的粮草。很快,城内物资匮乏。奥林匹娅丝要求百姓忍一忍,她告诉他们已经向伊庇鲁斯求助了,很快埃阿喀得斯就会率大军来支援。她所言不假,但她没有料到,卡山德也得知了这个消息。卡山德当然不会无动于衷,他派出了大批兵力赶往马其顿王国和伊庇鲁斯交界处,阻拦奥林匹娅丝的援军。卡山德的计划非常成功。埃阿喀得斯到达边境后,发现通往马其顿王国的路上全是卡山德的兵。埃阿喀得斯多次强攻都没成功。统率伊庇鲁斯大军的将领本就不愿参与这场战事，强攻未果后，将领们一气之下率军回国。将领们深知，公然抗命和发动叛变一样，一旦开始就只能继续到底。因此，将领们干脆一不做二不休，废黜了埃阿喀得斯，转而扶持王室中的另一人登上王位。正如第一章提及的，皮洛士当时才两岁，侍从连夜将他带离伊庇鲁斯，皮洛士才幸免于难。我们会在第三章详述这次叛乱的经过及皮洛士逃亡的具体情况。在这里，我们要说的是，埃阿喀得斯援救奥林匹娅丝的计划失败了。因此，奥林匹娅丝现在只能依靠皮纳德城的防御工事了。

皮纳德城内的物资越来越匮乏。奥林匹娅丝、罗克珊娜和亚历山大四世及其他人已不再讲究，甚至开始吃马肉。城内的将士也已经饿得发疯，纷纷抢食死去伙伴的尸体。据说，将士们已经开始吃大象。终于，城中的将士和百姓忍无可忍，纷纷在夜里逃走，投奔卡山德。但奥林匹娅丝坚决不投降，因为她还把最后一丝希望寄托在波利伯孔身上。她派人给波利伯孔送了一封信，请求他在夜间派船来皮纳德城外，让她趁夜色逃走。卡山德截获了这封信，读完后他命信使继续赶路，把信送到波利伯孔手中。信使按照卡山德的吩咐做了。波利伯孔派出船前去接应奥林匹娅丝。当晚，卡山德亲自截获了船。奥林匹娅丝最后一丝希望也破灭了，她只好打开城门投降。随后，卡山德接管了皮纳德城。

听到奥林匹娅丝投降，安提帕特的族人非常高兴。奥林匹娅丝掌权时，安提帕特的家人和朋友惨遭迫害。现在，他们都要求卡山德严惩奥林匹娅丝。然而，奥林匹娅丝不愿在皮纳德接受审判，她请求回马其顿王国。奥林匹娅丝这么做的原因在于她知道自己在马其顿王国百姓心中声望颇高，她认为马其顿人不会处死她。卡山德也担心马其顿人不会处死奥林匹娅丝。虽然卡山德并不想杀一个手无寸铁的囚徒，但他真的想让奥林匹娅丝死。于是，卡山德想了一个办法。他让人建议奥林匹娅丝拒绝接受审判，再找机会偷偷跑去雅典。其实，他的想法是，如果奥林匹娅丝真的逃跑，他就能以处决逃犯的名义杀了她。不过，奥林匹娅丝可

身陷囹圄的奥林匹娅丝

能识破了卡山德的计谋,她没有逃走。于是,卡山德只好派一支两百人的队伍去杀掉奥林匹娅丝。

这支队伍里都是马其顿人。面对奥林匹娅丝,他们竟然不由得发怵。毕竟这么多年来,奥林匹娅丝一直高高在上。士兵们向来只能仰望她,连靠近的机会都没有。而现在,他们竟要亲手结束奥林匹娅丝的生命。不得不说这是一项艰巨的任务,一时之间无人敢动手。碰巧的是,一些士兵的亲人曾惨死在奥林匹娅丝手中。此时,这些人鼓起勇气,冲上去用利剑杀死了奥林匹娅丝。

在将罗克珊娜和亚历山大四世关押多年后,卡山德意识到,亚历山大大帝的儿子亚历山大四世会威胁到自己的统治。于是,他派人暗杀了罗克珊娜和亚历山大四世。

第3章　CHAPTER III

皮洛士的早年生涯（公元前332年至前295年）

Early Life of Pyrrhus (B.C. 332—295)

我们在前两章简单介绍了马其顿王国的部分历史。这部分历史能帮助我们理解皮洛士登上历史舞台之际伊庇鲁斯王室出现问题的根本原因。实际上，伊庇鲁斯王室出现问题的原因来自两方面。一方面，伊庇鲁斯的王位继承权不明确。伊庇鲁斯王室有两大分支，两个分支都宣称自己有继承权。这正是奥林匹娅丝不断干涉伊庇鲁斯内政造成的后果。另一方面，在马其顿王国和卡山德对抗时，奥林匹娅丝请求当时伊庇鲁斯的国王埃阿喀得斯离开伊庇鲁斯前往马其顿王国支援她。当埃阿喀得斯离开伊庇鲁斯后，伊庇鲁斯王室另一分支立即发动政变，拥护自己这支的王子登上王位。

当初，奥林匹娅丝力排众议让弟弟亚历山大一世登上王位。亚历山大一世是涅俄普托勒摩斯一世的儿子。而伊庇鲁斯王室的另一分支由涅俄普托勒摩斯一世的兄弟阿莱拜斯及其后代组成。亚历山大一世与亚历山大大帝几乎是同时进入事业巅峰期的，并且他们的性格十分相似。当亚历山大大帝东征时，亚历山大一世正着手征服意大利。他们一个向东行进，一个向西行进。他们都认为自己是世界的主宰。最后，亚历山大大帝成就大业，盛名响彻天地。而亚历山大一世则壮志难酬，几乎被世人遗忘。

亚历山大大帝和亚历山大一世的成就不同的重要原因是两人要征服的对象差别很大。亚历山大一世向西出征希腊，他面对的是罗马士兵。而罗马士兵素来以强壮粗犷、意志坚定、不可战胜著称。亚历山大大帝东征亚洲。那里虽然士兵数量众多，军队声势浩大，但实际上这些军队只是虚有其表，根本无力对抗强敌。正如亚历山大一世所说："我之所以失败，是因为我要面对的是那些勇猛的士兵。而我的外甥之所以能成功，是因为他面对的是手无缚鸡之力的女人。"

无论事情真相如何，最后，亚历山大一世的事业在意大利遭到毁灭性打击。实际上，亚历山大一世并非主动攻打意大利。当时，塔伦图姆正与邻国交战，塔伦图姆的百姓向亚历山大一世求援。塔伦图姆城位于意大利西海岸，往南是著名的塔伦图姆湾。从地图上看，意大利整体呈靴形条状，而塔伦图姆湾正好在脚后跟位置。塔伦图姆与伊庇鲁斯中间隔着亚得里亚海，两地相距三十二万多米的距离。从伊庇鲁斯向南行驶，再往北穿过塔伦图姆湾就能到达塔伦图姆。塔伦图姆湾北边的亚得里亚海较狭窄，两岸距离大概只有八万米。如果走这条航线，在抵达意大利海岸后，再行进八万米就能到达塔伦图姆城。

在确定是否协助塔伦图姆城前，亚历山大一世派人去伊庇鲁斯著名的多多纳神示所，求问神明自己此番出征是否能平安归来。神谕给出答案："阿刻戎河之水会将你吞没，本德里亚会是你永远的归宿。"

听到这样的答案，亚历山大一世一下子就安心了。因为阿刻戎河是伊庇鲁斯境内的河流，而本德里亚是阿刻戎河岸边的小镇，所以亚历山大一世觉得，神谕暗示他将来会在伊庇鲁斯境内去世。换言之，此番出征不会有危险。于是，亚历山大一世从伊庇鲁斯扬帆起航，前往意大利。他坚信自己不会埋骨他乡。因此，每场战役亚历山大一世都会拼尽全力。他奋勇作战、毫不退缩，创造了一个又一个军事奇迹。然而，他不知道，意大利也有一条河叫阿刻戎，也有一个小镇叫本德里亚。

在很长一段时间里，亚历山大一世这边捷报频传。他攻下许多城池，伊庇鲁斯的疆域不断扩大。为了巩固统治，亚历山大一世让旧城主继续统治已被攻下的城池，同时把城主的孩子送到伊庇鲁斯做人质。后来的一次战役中，考虑到军队安全，亚历山大一世把军队分到三处安营扎寨。营地分别驻扎在三座山上。三座山相距不远，山丘中间是低地和溪流。将士们安顿好后，彼此还能喊话交流。然而，很快，暴雨来袭，溪水迅速上涨，淹没了山间低地。就在这时，敌军趁机袭击了两处营寨。亚历山大一世束手无策，无法支援。敌人偷袭成功后迅速将营地夷为平地。营地的将士四处逃窜。见此惨状，伊庇鲁斯的将士们心灰意冷，公然投诚倒戈。他们向敌军承诺，只要留住他们的性命,他们一定将亚历山大一世送过来。敌军接受了这个建议。亚历山大一世认清自己的处境后,率领一批忠义之士冲破敌军的河岸封锁线,顺利逃到附近的树林里。亚历山大一世拼命地跑,他想起附近有条河,河边有一座桥。他想,只要过了桥,再把桥摧毁,阻断敌人的追击,就可以保证自己的安全了。跑到河边后,他发现河水淹没了桥。情急之下,他骑马渡河,全然不顾水流湍急。亚历山大一世的随从见到这种危险的情形,不由自主地高喊:"不得了啦,这条河叫阿刻戎河。"阿刻戎河的原意是"悲伤之河"。

听到随从的喊叫后,亚历山大一世才意识到神谕里说的那条河也许就是眼前这条河。想到这里,他瞬间紧张起来,不知道如何是好。就在此时,随从再次大喊提醒他叛军到了。听到这个消息,亚历山大一世毅然决定继续前行。最后,他顺利抵达对岸。然而,敌军的一支标枪射中了他,亚历山大一世当场丧命。他的尸首落入水中,漂流而下,最后竟漂到了河流下方敌军的营地里。敌军将亚历山大一世的尸首拖上岸后，对它百般侮辱。最后，他们将亚历山大一世的尸首拦腰斩断，其中一半当作战利品运回城，另一半立在营地供士兵练习投掷标枪。

最后，一个女人来到营地，哭着恳求士兵们将亚历山大一世残缺不全的尸首给她。因为她的丈夫和孩子都在伊庇鲁斯当人质，她想用尸首换回亲人。士兵们同意了她的请求，他们把尸首合在一起，送到奥林匹娅丝那里。奥林匹娅丝为亚历山大一世举行了盛大的葬礼。我们相信奥林匹娅丝会释放那个女人的丈夫和孩子，但实际情况我们不得而知。

毫无疑问，亚历山大一世的驾崩极大地削弱了涅俄普托勒摩斯一世这一支的力量。最终，亚历山大一世的兄弟没能继承伊庇鲁斯王位。王位由另一分支的埃阿喀得斯继承了。埃阿喀得斯就是皮洛士的父亲。也许人们会说，奥林匹娅丝一定会反对埃阿喀得斯继位。然而，实际情况正好相反，奥林匹娅丝支持埃阿喀得斯继位。奥林匹娅丝和埃阿喀得斯私交甚好。多年后，埃阿喀得斯依旧是奥林匹娅丝最忠实的朋友。

正如第二章所述，奥林匹娅丝困在皮纳德时曾向埃阿喀得斯求助。得知情况后，埃阿喀得斯立即集结大军开往边境。当他发现敌军已经驻守在塞莫皮莱峡道时，埃阿喀得斯没有轻言放弃，他不断努力试图冲破对方的防线。然而，很快埃阿喀得斯发现军中将士对此颇有怨言。埃阿喀得斯把将士们召集起来，告诉他们如果不愿追随他可以先行返回伊庇鲁斯。埃阿喀得斯不希望留在自己身边的人三心二意。随后，大批将士离去，但众将士不满足于只是返回伊庇鲁斯。于是，他们在伊庇鲁斯发动政变，让涅俄普托勒摩斯一世的后人登上王位。很快，伊庇鲁斯就颁布了一条公告，宣布埃阿喀得斯带兵离开伊庇鲁斯，丧失了国王的任职资格。因此，埃阿喀得斯以后不得进入伊庇鲁斯。这次政变不仅针对埃阿喀得斯个人，还针对他所属的整个王室分支。为了斩草除根，新国王下令处死埃阿喀得斯的亲朋好友，尤其是他年幼的儿子皮洛士。埃阿喀得斯的族人惨遭杀害，只有皮洛士在侍从的帮助下安全逃走。

埃阿喀得斯的族人中有两位将领，他们分别是安德鲁克里斯和安杰勒斯，正是他们策划了皮洛士的逃亡行动。一听到新国王下的屠杀令，他们立即带着皮洛士和几个仆从逃亡。当时，皮洛士还没有断奶。尽管两位将领已经想办法少带人，但整个队伍的逃亡速度还是不快。身后还有追兵，情势十分危急。看到追兵马上就要赶上来了，安德鲁克里斯赶紧把皮洛士托付给三位年轻人，吩咐他们骑上马，以最快的速度赶往马其顿王国一个叫迈加拉的小镇，并告诉他们到了那里就安全了。然后，安德鲁克里斯率领其余人马掉转方向迎战追兵。安德鲁克里斯一边请求追兵放过这个可怜的孩子，一边奋力抵抗。最终，他们成功拦下追兵。接着，安德鲁克里斯和安杰勒斯骑马抄近道，最终赶上了先行的三个年轻人。大家顿时安心了。日落时，他们远远地看到了迈加拉小镇。然而，小镇前有一条河流，河水湍急，看不清深浅。一行人走到河边,试图蹚过去,但他们发现根本过不去。这时,天渐渐暗下来。他们看到河对岸有人影晃动,于是他们赶紧大声喊叫,想得到对岸人的帮助。其实,两岸相距不远,这条河并不宽。然而,雨后的河水暴涨,水流湍急,河水奔腾而下,浪花翻腾,对岸的人根本听不到他们的呼喊。安德鲁克里斯不停地呼唤喊叫、摆手示意,他们甚至把孩子举起来想让对方发现,但都没能引起对岸人的注意。

他们尝试了各种办法都没成功。最后,有人提议,把求助的信息写到树皮上,再把树皮扔到对岸。这样一来,对岸的人就能明白他们的意思了。于是,他们立即行动,割下岸边的橡树皮,然后在树皮上写明他们现在正带着伊庇鲁斯的小王子皮洛士逃命,请对岸的人想办法帮他们过河。接着,他们把树皮扔到了对岸。也有人说,他们是把树皮卷到一杆标枪上,请队伍里最壮的人把标枪扔到了对岸。还有人说,他们用树皮包住石头,然后将石头扔到了对岸。无论如何,他们成功地把诉求传到了河对岸。对岸的人拿到树皮,读了上面的消息后非常激动,立即想办法帮他们过河。

对岸的人找来斧头砍树造木筏。很快,木筏造好了。尽管天色已晚,河水依旧湍急,但皮洛士及随从都安全地渡了河。

渡河后,皮洛士一行并没有打算在迈加拉停留。他们觉得马其顿王国境内不安全,他们不知道波利伯孔和卡山德对抗的结果如何,也不知道胜利的那方会如何对待年幼的皮洛士。因此,他们决定继续逃亡,离开马其顿王国,到别的国家避难。

安德鲁克里斯一行最后来到马其顿王国北部的伊利里亚。伊利里亚位于西海岸,国王是格劳西亚斯。安德鲁克里斯一行相信格劳西亚斯一定会保护皮洛士,因为格劳西亚斯与伊庇鲁斯王室缔结过婚约,他的妻子班勒厄是埃阿喀得斯这一支的公主。安德鲁克里斯一行抵达伊利里亚,进入宫殿发现格劳西亚斯和班勒厄都在上座。安德鲁克里斯一行向两人讲述了他们惊险的逃亡经历,然后把孩子放在格劳西亚斯的脚下祈求他的垂怜。

面对此番场景,格劳西亚斯非常尴尬,一时之间不知如何是好，只是一味沉默。就在这时，躺在格劳西亚斯脚边的皮洛士开始慢慢朝格劳西亚斯的方向爬去，他抓到了格劳西亚斯的袍子，开始顺着袍子向上爬，试图爬到格劳西亚斯怀里。同时，皮洛士一直盯着格劳西亚斯，他显得既兴奋又惶恐不安，皮洛士的表情深深打动了格劳西亚斯。格劳西亚斯立即放下所有顾虑弯腰抱起皮洛士，他把孩子递给王后班勒厄，吩咐她把孩子抚养成人。

卡山德很快就发现皮洛士逃到了伊利里亚。于是，他想尽办法让格劳西亚斯交出皮洛士。卡山德向格劳西亚斯承诺，只要交出皮洛士，他愿意重金酬谢。不过，格劳西亚斯并没有理会卡山德。卡山德本可以向伊利里亚直接开战迫使格劳西亚斯交人，但他忙着对付他在马其顿王国和希腊的敌人，根本无暇顾及此事。后来，卡山德试图派兵到伊利里亚抢人，但计划失败了。此后，皮洛士就一直待在伊利里亚。

时光飞逝。一转眼，皮洛士十二岁了。皮洛士待在伊利里亚这些年，卡山德的事业发生了巨大变化。起初，卡山德的计划很顺利，他成功地把波利伯孔驱逐出马其顿王国，然后自立为王。正如前文所说，为了排除异己，稳固统治地位，他暗杀了罗克珊娜和亚历山大四世。在很长一段时间里，卡山德万事皆顺。后来，局势开始发生变化。卡山德在亚洲遭遇了强敌德米特里厄斯。德米特里厄斯是一位杰出的军事将领。卡山德遭遇劲敌时，正好伊庇鲁斯国王阿尔塞塔斯二世驾崩。格劳西亚斯认为这是协助皮洛士夺回王位的最佳机会，于是带着皮洛士率军攻入伊庇鲁斯。此次出征十分顺利。最终，皮洛士登上王位。当时的皮洛士还年幼，无法治国理政。因此，格劳西亚斯只好请人摄政，直到皮洛士长大成人。

他人摄政导致国王权力不稳，而这种状况一共持续了五年。在此期间，皮洛士的权力表面上看起来很稳固，但实际并非如此。伊庇鲁斯王室另一分支的人心怀不满、蠢蠢欲动，一直在寻找机会筹划夺权。最终，机会来临。皮洛士寄居伊利里亚时曾与格劳西亚斯的一个儿子交好。此时，王子娶妻便邀请皮洛士参加婚礼。皮洛士自认为政权已稳固，就欣然前往。当皮洛士沉醉在婚礼的热闹和喜悦中时，伊庇鲁斯王室另一分支的人趁机发动叛乱，再次夺取了政权。他们击退并杀害了皮洛士的支持者，把涅俄普托勒摩斯一世这一脉的王子送上王位。皮洛士不得不再次流亡他乡。

　　伊庇鲁斯的政变进行得很彻底。皮洛士意识到，就自己目前的处境来看，复位已无望。他壮志未酬，不想一辈子毫无成就。思来想去，他决定加入德米特里厄斯的队伍对抗卡山德。皮洛士的决定不是一时兴起，而是经过深思熟虑的。首先，卡山德是皮洛士最大的敌人。皮洛士深知，要夺回王位，就必须彻底摧毁或夺取卡山德的权力。其次，德米特里厄斯算是皮洛士的朋友。因为德米特里厄斯的妻子是皮洛士的姐姐黛达弥亚一世，所以皮洛士把德米特里厄斯视为自己的天然盟友。皮洛士说出自己的想法后，德米特里厄斯欣然答应。尽管皮洛士当时只有十七八岁，但德米特里厄斯还是对他委以重任，并不遗余力地教他带兵作战的本领。很快,战事爆发。德米特里厄斯在小亚细亚的伊普苏斯与卡山德作战。在这场战役中,皮洛士充分展现了杰出的军事才能。在伊普苏斯战役中,除了德米特里厄斯和卡山德,参加战役的还有双方盟国的国王及最高军事将领,这使伊普苏斯战役在当时颇受关注。总体来说,德米特里厄斯在战役中失利了。除了皮洛士带领的队伍,其他人纷纷败退。皮洛士凭勇敢无畏取得了战争的局部胜利,从此名声大噪。尽管皮洛士还很年轻,德米特里厄斯还是很快把一支部队交给他,还让他参与了几次非常重要的军事行动。每次投入战斗,皮洛士都毫不胆怯。他懂谋略,战术精湛,步步为营。这一切都预示着皮洛士日后必将有一番作为。

最终,德米特里厄斯与埃及法老托勒密一世结盟。为了确保德米特里厄斯遵守盟约,托勒密一世要求德米特里厄斯交出一名人质。在这种情况下,皮洛士主动请缨,到埃及作人质。皮洛士乘坐托勒密一世的船,横渡地中海,抵达亚历山大港。

在埃及,皮洛士一直是人们关注的焦点。大家很尊重他。皮洛士模样俊俏，玉树临风，性情温和谦逊，待人接物彬彬有礼。皮洛士出生在王室，早年颠沛流离，历经坎坷，但后来立下赫赫战功，因此，托勒密王朝上下都很敬重他。现在，皮洛士又到埃及当人质，这让人们更加同情他。在某种程度上，人质被视为敌人。无论他们的命运多么坎坷，多么值得同情，这个事实无法改变。当然，也不能否认，在某种程度上，人质也可以是朋友，因为人质就是为了最大限度地保证盟约有效。

在托勒密王朝，皮洛士的表现特别好。他生活俭朴，德行高尚，一言一行皆可圈可点。这让埃及百姓更加喜欢皮洛士了。一两年后，皮洛士娶了托勒密王朝的公主安提戈涅。从此，皮洛士从人质变成贵客。很快，托勒密王朝发兵伊庇鲁斯，打算协助皮洛士夺回王位。回到伊庇鲁斯后，皮洛士发现夺位条件已经成熟。伊庇鲁斯的百姓不堪忍受现任国王涅俄普托勒摩斯二世的统治，纷纷欢迎皮洛士回国。很快，皮洛士就发动政变，重新登上了伊庇鲁斯王位。

第 4 章　 *CHAPTER IV*

马其顿战争（公元前 295 年至前 288 年）

Wars in Macedon (B.C. 295—288)

皮洛士从埃及回到伊庇鲁斯，重新登上了王位。被皮洛士取代的国王是涅俄普托勒摩斯二世，他是涅俄普托勒摩斯一世的第二个儿子。

虽然皮洛士击败对手重新登上王位，但他非常仁慈。皮洛士没有杀死涅俄普托勒摩斯二世，也没有把他流放海外，而是真诚地邀请涅俄普托勒摩斯二世和自己共同治理伊庇鲁斯。涅俄普托勒摩斯二世接受了皮洛士的邀请。不久，伊庇鲁斯发生了一件事导致皮洛士与涅俄普托勒摩斯二世的矛盾爆发，最终涅俄普托勒摩斯二世被杀。据当时的历史学家记载，事情的经过如下。

伊庇鲁斯有个风俗：百姓会在某一天聚在一起欢度佳节。一来百官可以向国王宣誓效忠；二来百姓可以借此表达对国王的爱戴之情。当然，节日当天还有很多游戏、表演及各种宗教仪式和庆祝仪式，其中最有意思的环节就是向国王敬献礼物。这一年，皮洛士和涅俄普托勒摩斯二世分别在随从和朋友的陪伴下前往举行盛典的城市。

很多人都向皮洛士献了礼。其中，涅俄普托勒摩斯二世的密友吉伦向皮洛士献了两头公牛。一般来说，国王会把百姓敬献的礼物转赠给仆人或者是家族的其他成员。于是，一个叫密尔提洛斯的侍从请求皮洛士将这两头公牛赏给自己。然而，皮洛士没有答应他的请求，随后把牛赏给了另一个人。这让密尔提洛斯很不愉快，他小声抱怨了几句。吉伦听说这事后，就邀请密尔提洛斯与他共进晚餐。饭桌上，吉伦激发密尔提洛斯对皮洛士的不满，然后建议密尔提洛斯拥护涅俄普托勒摩斯二世。吉伦为密尔提洛斯出谋划策，唆使他下药毒害皮洛士。他对密尔提洛斯说："你可是皮洛士的贴身侍从。对你来说，往皮洛士的酒杯里投毒应该是轻而易举的事。一旦事成，我一定会向涅俄普托勒摩斯二世举荐你，到时候你一定会得到重赏。"密尔提洛斯表面答应吉伦的提议，并承诺一定会完成任务。然而，在晚饭结束后，密尔提洛斯离开吉伦家，直接去了皮洛士的住所，把事情一股脑儿禀告给了皮洛士。

皮洛士听完密尔提洛斯的话，没有立即采取

行动。因为皮洛士知道，如果质问吉伦，他一定不会承认，而人们又很难相信密尔提洛斯的一面之词。因此，皮洛士觉得最明智的办法就是在行动前进一步掌握吉伦谋划此事的证据。于是，他让密尔提洛斯假装配合吉伦的计划，并让他向吉伦建议还需要另一个叫亚历克斯克莱特斯的人协助完成计划。就这样，亚历克斯克莱特斯也加入了吉伦的计划。正如皮洛士所计划的，两名证人足以指认吉伦。

皮洛士的反击计划非常完美，但他没料到扳倒吉伦压根不用走这一步。因为吉伦向涅俄普托勒摩斯二世报告了密尔提洛斯同意毒害皮洛士的事后，过于兴奋的涅俄普托勒摩斯二世把这个秘密告诉了家人，其中一位就是他的姐姐卡德米亚。他把事情告诉姐姐卡德米亚时，以为不会有其他人知道。然而，他在饭桌上同卡德米亚讲这件事情时，一个女仆躺在房间角落里的躺椅上，当时她面朝着墙，假装在睡觉。实际上，女仆并没有睡着，她听到了全部对话。她躺在那里一动不动，一言不发。不过，第二天她找到皮洛士的妻子安提戈涅，把听到的内容讲给安提戈涅听。这时，皮洛士确信涅俄普托勒摩斯二世真的在密谋夺权，就立即决定强势反击。皮洛士邀请涅俄普托勒摩斯二世赴宴。涅俄普托勒摩斯二世毫不怀疑，应邀前往。在宴会上，皮洛士杀了涅俄普托勒摩斯二世。从此，皮洛士一人统治伊庇鲁斯。

此时，皮洛士大概二十三岁，正当年。他意气风发、雄心勃勃，渴望一展宏图。他急切地想扩大王国版图。机会很快来临。皮洛士回到伊庇鲁斯重登王位时，卡山德驾崩。卡山德的两个儿子：一个是亚历山大五世，另一个是安提帕特二世。在卡山德驾崩后，兄弟俩都想继承王位，因此争执不下。不过，安提帕特二世的优势更明显。亚历山大五世发现自己处于劣势，意识到自己需要借助外力。于是，亚历山大五世送信给皮洛士和色萨利的德米特里厄斯，请求他们火速支援。皮洛士和德米特里厄斯都答应施以援手。不过，当时德米特里厄斯有其他事情，无法立即赶到。皮洛士则立即率兵开往边境。

对皮洛士来说，此次出征意义非凡。因为这是他迄今为止第一次独立带兵作战。此前的军事行动中，他只是以将领的身份参战，需要听命于上级军官。现在，他是全军的最高指挥官。他率领自己的军队作战，完全可以按自己的策略领兵。在此次军事行动中，皮洛士的军事才能大放异彩，他很快就赢得了全军将士的敬仰和爱戴。皮洛士长相俊美又慷慨大方，体恤下士、谋略得当、善于用兵，再加上他本身自带的贵族气质，最终赢得了众人的喜欢和尊敬。

军中流传着许多皮洛士的逸闻趣事，无一不表明他有强大的内心。同时，他还非常自信。例如，有一次，人们向皮洛士抱怨有人因为对皮洛士不满总是到处说皮洛士的坏话，建议皮洛士将这个人流放。皮洛士却说："别，就让他待在这里吧！在这里跟他说话的人少点儿。要是将他流放，那岂不是让很多人都知道我的不是了。"还有一次，有些人在宴会上喝得飘飘然，就开始谴责皮洛士之前的某些作为。后来，这些人被带到皮洛士面前，皮洛士问他们是否真的说了那番话，那些人回答道："是真的。而且毫无疑问，如果我们喝得再多一点儿，我们说的话可能更过分。"听到他们的回答，皮洛士不由得哈哈大笑，他没有惩罚这些人，而是放他们走了。这样的事情还有很多，这些事情都能说明皮洛士宽厚待人，这也让他手下的将士更加愿意追随他。

有了将士的支持和爱戴，皮洛士更加势不可当。每次战斗开始前，皮洛士都会发表演说来鼓舞士气。他的部队始终攻无不克、所向披靡。每到一个地方，他都会把安提帕特二世的人赶走，然后把攻下来的城池纳入亚历山大五世的势力范围。他还派兵驻守新攻下的城池以稳固统治。局势很快开始明朗。安提帕特二世被逐出马其顿王国，亚历山大五世即将登位。

面对这种局势，安提帕特二世的盟友觉得皮洛士的兵力太强，于是他们开始商量对策。他们知道皮洛士特别敬重岳父埃及法老托勒密一世，于是他们以托勒密一世的名义给皮洛士写了一封信，令皮洛士与安提帕特二世和平相处。信上还说，安提帕特二世愿意送给皮洛士三百塔兰同作为回报。此外，信中还一再强调，让皮洛士立即同意安提帕特二世的提议，尽早从马其顿王国撤军。

其实，在古代使用这种方法成功的概率比现在高得多，因为古代的信都出自那些经过专业训练的抄书吏，人们很难从字迹上辨别信的真伪。然而，皮洛士一打开信就看出问题了。因为信的称呼语是"法老托勒密问国王皮洛士安"，而事实上，托勒密一世给女婿皮洛士写信时的称呼语是"父亲问儿子安"。

皮洛士斥责了欺骗他的人，但他还是考虑了这个建议。他决定和安提帕特二世和解，采取温和手段结束这场战争。不过，皮洛士的愿望最终落空了。这场战争一直持续到亚历山大五世登上王位。随后，皮洛士返回伊庇鲁斯。为了答谢皮洛士，亚历山大五世把伊庇鲁斯以北，也就是马其顿王国境内亚得里亚海沿岸的大部分地区划给皮洛士。

战事终于告一段落。

也许读者还记得，之前，亚历山大五世向皮洛士求援时，亚历山大五世还派人去找了德米特里厄斯。德米特里厄斯的妻子黛达弥亚是皮洛士的姐姐。多年来，德米特里厄斯一直与皮洛士交好。收到亚历山大五世的求援消息时，德米特里厄斯正忙于政事，没有及时出兵。后来，政事处理完毕，德米特里厄斯就率兵前往马其顿王国，但已经晚了。得知德米特里厄斯率兵前来，亚历山大五世非常苦恼。为了答谢皮洛士，他已经把马其顿王国的一大块土地划给伊庇鲁斯。现在，亚历山大五世很担心，如果德米特里厄斯来了却没有分到土地的话，那么德米特里厄斯会非常不满。

为了避免尴尬，亚历山大五世提前赶往边境与德米特里厄斯碰面。见面后，亚历山大五世表示，他非常感激德米特里厄斯率军前来援救。不过，此时马其顿王国战事已经结束，现在不必麻烦他了。德米特里厄斯听说马其顿王国的状况就放心了，于是准备择日返回。正如后来德米特里厄斯所说，亚历山大五世压根没打算放他回去，而是打算在接下来的晚宴中杀掉自己。德米特里厄斯能逃过一劫是因为在亚历山大五世下手前，德米特里厄斯正好有事离开了。后来，德米特里厄斯也邀请亚历山大五世去参加晚宴。亚历山大五世轻装前往，没有携带任何武器，其目的是让德米特里厄斯卸下防备之心。因为亚历山大五世准备第二天杀死德米特里厄斯，他希望通过这种方式让德米特里厄斯第二天也轻装前往自己举办的宴会。德米特里厄斯并没有给亚历山大五世机会，他在宴会上直接杀了亚历山大五世及随行人员。德米特里厄斯的士兵杀这些人时，亚历山大五世的一个士兵说："你们只是比我们早了一天而已，不然死的就是你们。"

陪亚历山大五世到边境的马其顿王国将士听到国王被杀，还以为德米特里厄斯会立即命人杀掉他们灭口。然而，德米特里厄斯告诉他们不想伤害大家，希望大家给他一次机会说明此次事件的缘由。于是，德米特里厄斯在将士们面前发表了演说，解释自己是在何种情况下杀的亚历山大五世。他说自己这么做是出于自卫。德米特里厄斯的演说赢得了阵阵掌声。马其顿王国将士纷纷称颂德米特里厄斯。

当然，德米特里厄斯说亚历山大五世想杀害自己，而这件事有几分可信已经不得而知。姑且不说有没有证据，就算有，多半也是德米特里厄斯自己捏造的。其实，在任何年代，无论谁发动战争，都会辩称战争是无奈之举，目的只是不想遭人迫害。

德米特里厄斯统治了马其顿王国，与皮洛士成了邻邦。多年来，两人私交甚好。因此，人们觉得往后这两个国家一定会和平共处。然而，现实正好相反，边境不断发生事端，百姓纷纷抱怨邻国居民侵入本国。德米特里厄斯和皮洛士只能一次次处理纠纷。但不幸的是，黛达弥亚去世了，联结两国关系的重要纽带不复存在了，这让两国关系雪上加霜。很快，皮洛士和德米特里厄斯就开战了。

其实，皮洛士和德米特里厄斯之间爆发战争不完全是因为两国边境的冲突。德米特里厄斯本身是一个残暴、贪得无厌的人。为了满足自己的欲望，他可以不择手段。在和皮洛士开战前，德米特里厄斯曾南下希腊，成功将希腊的一大部分地区纳入自己的版图，但攻打希腊的过程并非一帆风顺。德米特里厄斯围攻希腊的重要城市底比斯时，底比斯的百姓顽强抵抗，毫不妥协。因为底比斯的百姓曾多次冒犯德米特里厄斯，德米特里厄斯积怨颇深，所以他一直苦苦坚持战斗。后来，德米特里厄斯需要处理色萨利的军事问题，就让儿子攻打底比斯。等到德米特里厄斯回到底比斯时，他发现将士们一批接着一批倒下。死去的将士太多，而底比斯还没有缴械投降。就连德米特里厄斯的儿子都抗议道："你怎么忍心让这么多将士去送死呢？他们才……"他还没说完，德米特里厄斯就打断了他的话说："你别管死了多少将士。死得越多，你需要养活的士兵就越少！"

　　德米特里厄斯不仅对将士们的死毫不在意，就连他自己也经常涉险。在攻打底比斯时，他和将士们一同冲锋陷阵。一次，敌人从城墙上方投下一支标枪直接穿透了德米特里厄斯的脖子。德米特里厄斯立即倒在血泊里。人们以为他死了,就把他抬回营帐。军医检查发现标枪并没有伤到动脉等重要部位。不过,德米特里厄斯很快发了高烧,生命垂危。即便如此,德米特里厄斯也没有放弃。最终,德米特里厄斯身体康复,攻下了底比斯城。

在希腊的军事行动结束后,德米特里厄斯返回马其顿王国,正式与皮洛士开战。双方都集结了大军。

皮洛士率军从伊庇鲁斯出发。德米特里厄斯带兵从马其顿王国出发迎战。然而,由于两人选择的路线不同,双方军队在边境错开了。德米特里厄斯带兵进入伊庇鲁斯,发现皮洛士将国内的兵力全部带走了,伊庇鲁斯竟没有任何的军事防御。于是,德米特里厄斯进入伊庇鲁斯境内,沿途烧杀抢掠。

皮洛士遇到的情况则完全不同。德米特里厄斯并没有把国内的兵力全部带走,而是留下一支防御部队，由将领潘帕塔斯带领。皮洛士刚进入马其顿王国边境就碰到潘帕塔斯，战争全面打响。战斗激烈，双方损失惨重。后来，潘帕塔斯要求与皮洛士单挑。潘帕塔斯是德米特里厄斯手下的得力干将，无论是气力，还是用兵作战的能力，都是军中的佼佼者。潘帕塔斯野心勃勃，希望抓住眼前的机会大显身手。毕竟，如果打败赫赫有名的军事将领皮洛士，他一定会威名远播。

皮洛士接受了潘帕塔斯的挑战。双方进行了准备，然后两人走到战场上，较量正式开始。一开始两人相距较远，他们开始往对方身上投射标枪。接着，他们持剑近身搏斗，较量持续了很长一段时间。皮洛士虽身负重伤，但还是成功地把潘帕塔斯打倒在地。要不是潘帕塔斯的朋友们突然冲上去把他救走，皮洛士完全可以杀了潘帕塔斯。然后，两军继续作战。最终，皮洛士打败了潘帕塔斯的队伍，俘获五千名士兵，赢得战争的胜利。

虽然马其顿王国战败，但马其顿王国的将士一点都不憎恨皮洛士，他们甚至还有点儿崇拜皮洛士。在他们看来，战场上的皮洛士举手投足都透着高贵的气质，他们甚至在皮洛士的身上看到了亚历山大大帝的影子。他们把皮洛士与德米特里厄斯作比较，觉得德米特里厄斯不如皮洛士。马其顿王国的将士们心属皮洛士，他们甚至设想，如果皮洛士长驱直下，攻陷都城，那么他们愿意立即投诚。不过，皮洛士没有这样做。当德米特里厄斯返回马其顿王国时，皮洛士已经撤回伊庇鲁斯。马其顿王国的百姓看到德米特里厄斯胜利归来，一点儿兴奋劲都没有。

从此，马其顿王国的百姓越来越不待见德米特里厄斯。在百姓眼中，德米特里厄斯是一位自负残忍的暴君。他不仅不择手段侵占邻国疆土，还对朋友蛮横跋扈。而皮洛士则懂得体恤下士，他对将士谦恭有礼。皮洛士生活俭朴，他不仅愿意同将士们共患难，更愿意和将士们共享荣耀，他把取得的成就归功于将士们的忠诚和勇敢。马其顿战役后，人们形容皮洛士为苍鹰。皮洛士对将士们说："如果我是苍鹰，那么你们就是帮我飞向高处的翅膀。"

德米特里厄斯与皮洛士完全不同，他视军中将士为蝼蚁。他觉得自己高高在上、无人能及，还不时在人们面前表现出优越感。在衣着方面，德米特里厄斯既自负又虚荣，不惜花重金装饰自己，甚至用黄金和名贵的宝石来装饰衣袍和鞋子。他还命人用世界上材质最好的衣料为自己制作一件独一无二的衣袍。然而，衣袍还没有制好，德米特里厄斯就驾崩了。德米特里厄斯的继承者并没有将衣袍完成，而是将它收起来时刻警醒自己要以此为戒。

德米特里厄斯还有很多陋习，他无节制地放任自己的欲望。从某种程度上来说，正是放纵让他迷失了自己，并令别人厌恶。也正是这种放纵，让他最终失去民心。

后来，一个女人激化了皮洛士和德米特里厄斯的矛盾。事情是这样的：皮洛士的第一任妻子安提戈涅去世后，皮洛士又娶了几任妻子，这在当时实属正常。在皮洛士的几位妻子中，有一个叫拉纳莎，她是叙拉古国王阿加托克利斯的女儿。皮洛士娶安提戈涅是出于爱情。不过，他后来娶妻纯粹是出于政治目的：要么是为了扩大王国版图，要么是为了巩固自己的权力。皮洛士迎娶拉纳莎是想得到克基拉岛。当时，克基拉岛归叙拉古国王阿加托克利斯所有。叙拉古国王阿加托克利斯准备把克基拉岛给拉纳莎当嫁妆。从地图上可以看到，克基拉岛离伊庇鲁斯非常近。也就是说，拥有克基拉岛可以极大地增强伊庇鲁斯的国力。

拉纳莎成了皮洛士的新娘却一点儿都不开心。她知道皮洛士中意的只是自己的嫁妆，并且皮洛士还有好几位妻子。回想新婚的誓言，再看看眼前的处境，拉纳莎郁闷极了。她觉得自己被忽视了，她感受不到皮洛士的爱意。于是，她愤然离开皮洛士，回到叙拉古。之后，拉纳莎派人将德米特里厄斯请到叙拉古，她告诉德米特里厄斯："只要你娶了我，克基拉岛就是你的。"拉纳莎离开皮洛士后收回了自己的嫁妆，她自认为有权决定自己的归宿和嫁妆的分配。

德米特里厄斯接受了拉纳莎的建议。他前往

叙拉古，娶了拉纳莎，并派部队驻守克基拉岛。随后，德米特里厄斯带着拉纳莎回到了马其顿王国。自此，皮洛士对德米特里厄斯的恨意更深了。

很快，皮洛士就等到报复德米特里厄斯的机会了。当时，德米特里厄斯因过度饮酒而高烧不退，最后病倒了。皮洛士趁机再次攻打马其顿王国。皮洛士率领大批人马直奔马其顿王国。此时，德米特里厄斯也带病上马，率军出城迎敌。此次作战胜负不明显。皮洛士多次进攻无果，最后带兵返回伊庇鲁斯。

皮洛士与德米特里厄斯之间战争不断，持续多年。战局时而对这方有利，时而对另一方有利。在后来的一次作战中，局势开始朝着对皮洛士不利的方向发展。因为当时正好有一件事分散了皮洛士的注意，皮洛士很快就转战到另一个地方。我们会在第五章详述这件事及后续事件。

第 5 章　*CHAPTER V*

意大利战争（公元前 280 年）

Wars in Italy (B.C. 280)

如前文所述，与德米特里厄斯作战时，有一件事分散了皮洛士的注意——塔伦图姆的百姓向皮洛士求援，请皮洛士协助他们攻打罗马人。正是在这场战争中，皮洛士赢得举世盛名。其实，人们没有忘记，亚历山大一世也是出于同样的原因发兵意大利的，但亚历山大一世最后惨死沙场。人们猜想皮洛士一定会吸取教训，不会插手塔伦图姆的事。然而，古往今来，真正的勇士都满怀斗志。皮洛士迫不及待想在意大利战场上大显身手，他没有忘记先辈的惨死，也不想让伊庇鲁斯一直背负失败的耻辱。因此，皮洛士下定决心要一雪前耻。

多年来，罗马共和国的疆域不断扩大。除了塔伦图姆及塔伦图姆的一些小附属国，罗马共和国几乎占据了整个意大利。然而，罗马人并不满足于此，他们继续向意大利东南部开进。最后，罗马人来到塔伦图姆。塔伦图姆的军队进行了顽强抵抗。最终，双方爆发了激烈的军事冲突。随着战事的进行，塔伦图姆人节节败退，形势岌岌可危。

外敌当前，塔伦图姆的内政却十分混乱，这让塔伦图姆的处境雪上加霜。原来，塔伦图姆并没有稳定的政权组织，它的政权组织形式类似于现在的民主制，人们通过讨论形成决议。同时，塔伦图姆缺乏相应的法律来保证决议的贯彻实施。如今大敌当前，元老们方寸大乱，国家自然乱成一团。

塔伦图姆国内有多个派别，每个派别各有主张。有的派别主张向罗马共和国投降，使塔伦图姆成为罗马的一部分；有的派别认为塔伦图姆人应该拼死抵抗；还有一些派别提出塔伦图姆面临窘境的原因是没有杰出的军事首领，因此他们建议请皮洛士率兵支援，但许多人反对这一提议。人们很清楚，大敌当前，外援是朋友，但战争结束后，援军就有可能在塔伦图姆城称王。虽然明白后果，但塔伦图姆当时深陷水深火热中，人们根本无暇考虑那些不确定因素。最终，塔伦图姆的百姓决定向皮洛士求援。

正如大部分民主国家一样，很多人在议会现场同时发表见解，导致现场十分吵闹，根本听不清人们对提议的表决意见。一个叫麦东的人反对请皮洛士来塔伦图姆。为了表示抗议，他想了一个办法。他伪装成江湖艺人，头戴花环，手持火炬，让一个女人为他吹笛伴奏。随后，麦东假装喝醉了，闯入议事大厅。这两人一走进议事大厅就吸引了所有人的目光。看到这一幕，有人哈哈大笑，有人拍手，还有人竟点歌让他吟唱。麦东假装准备了一下，接着走到会场中间，大声喊道："非常好，塔伦图姆的百姓们！你们点的歌非常好。现在，你们还能享受这样的欢乐。不过，我想提醒你们，如果皮洛士来到塔伦图姆，你们就再也笑不出来了。"

人们对麦东的转变非常惊讶。接着，会场上开始有人小声附议。那些不支持皮洛士来塔伦图姆的人也很讶异，他们完全没想到麦东竟然能想出这样的妙计。然而，麦东造成的影响只是暂时的。很快，人们又开始辩论。最后，人们毫不客气地将麦东和那个女人赶出了会场。

最终，人们一致决定请皮洛士前来支援。塔伦图姆的使者立即赶往伊庇鲁斯。到达伊庇鲁斯后，他们对皮洛士说："我国正与罗马交战，现特邀您前来助阵。我国人口众多，物资充足，唯独缺少一位能带兵打仗的首领。如果您愿意施以援手，我们愿意把五万三千名将士和两万匹战马交给您指挥。"

塔伦图姆疆域并不辽阔，却能在开战时集结这么多人马，不得不叫人称奇。同时，在家国存亡之际，人们商议国家大事时，卖唱的人竟能从中作梗，这事也算得上奇特。不过，这确实是当时的历史学家记录下来的内容。

塔伦图姆使者的话让皮洛士非常开心，他立即答应前去支援。然后，他迅速开始备战。这个消息也让伊庇鲁斯的百姓非常激动，众多将士纷纷表示愿意参加战斗。对此，皮洛士一一应允。虽说塔伦图姆的使者一再称他们人马足够，但皮洛士还是觉得自己的人更靠谱。

集结好第一支军队后，皮洛士命得力干将齐纳斯先行一步。齐纳斯在伊庇鲁斯的地位很高。他是色萨利人，曾在希腊求学，师从德摩斯梯尼。齐纳斯不仅是一位杰出的学者和演说家，还是一位优秀的政治家。皮洛士曾将许多谈判事宜交给齐纳斯，齐纳斯都能妥善处理。皮洛士曾不止一次称赞齐纳斯，他说："齐纳斯用三寸不烂之舌拿下的城池比我用刀剑攻下来的城池还多。"

一开始，齐纳斯并不赞同皮洛士出征意大利。这一点是从他与皮洛士的谈话中看出的。当时，皮洛士正加紧备战。趁闲，齐纳斯问皮洛士："罗马人素来英勇善战，他们的盟国也都崇尚武力。如果此次我们成功了，接下来该干点什么呢？"皮洛士回答说："你这是自问自答呀！罗马人几乎占领了整个意大利，如果我们打败了罗马人，那么攻下意大利就指日可待。"

听完皮洛士的回答，齐纳斯稍微停顿了一会儿，他似乎在想象皮洛士描绘的蓝图。然后，齐纳斯接着问："征服意大利后，我们还要做什么呢？"皮洛士回答道："那还用说，当然是攻下西西里岛了。西西里岛离意大利那么近，那里土地肥沃，人口稠密。我们不需要花太大力气就能将西西里岛拿下。现在西西里岛处于混乱中，应该没有多少防御力量。"齐纳斯回应说："我觉得您这个主意非常好。那么，攻下西西里岛后呢？我们接下来做什么？"皮洛士接着回答："接下来，我们就可以穿过地中海，前往利比亚和迦太基。其实，那里也不远，我们可以率军从非洲海岸登陆，轻而易举地就能将这两个地方拿下。这样一来，我们就可以称霸天下，没有人可以和我们作对了。"

齐纳斯表示赞同皮洛士的观点，并且接着问："一定是这样的。到时您就可以把在色萨利、马其顿和希腊的宿敌一一消灭，称霸天下。我想问的是，所有这些愿望实现后，您接下来想做点什么呢？"皮洛士回答说："还能做什么呢？当然是歇下来，好好放松，享受生活。"

听到这里，齐纳斯再次问："但这是为什么呢？明明我们现在就可以停下来好好享受生活，为什么还要去冒险呢？您现在就可以享受生活，为什么非要去受罪呢？您费尽千辛万苦，最终想要的不就是现在已拥有的生活吗？"

我们不清楚，齐纳斯这番话是想劝皮洛士放弃攻打意大利，还是他在趁机调侃皮洛士。不论齐纳斯的真实目的如何，这番对话并没有在皮洛士的心中激起大的波澜，更没能改变皮洛士的计划。各项军事准备工作都有条不紊地进行着。第一支军队整顿完毕后，齐纳斯率军横渡亚得里亚海。之后，皮洛士开始组织剩余兵力。这部分包括二十头大象、三万匹战马、两万名步兵、两千名弓箭手，还有两万名投石手。一切准备妥当后，皮洛士一声令下，将士们就登上塔伦图姆派来的战舰、物资运输船及各种平底船，军队正式扬帆起航。此时，皮洛士的大儿子托勒密已经十五岁了，皮洛士让他留在伊庇鲁斯摄政，自己则带着两个小儿子——亚历山大和赫勒诺斯一同前往意大利。这次远征注定不会一帆风顺。起航没多久，军队就遇到了一场可怕的风暴。风暴一度威胁着整支军队的安全。皮洛士乘坐的舰船比别的船更大更坚固一些。午夜过后，皮洛士的船抵达意大利海岸，而其他船在暴风雨的肆虐下四处漂荡。皮洛士的船离岸边很近，但风浪太大，船长时间无法登陆。就在这时，风突然改变方向吹向海上。这时，如果不赶紧想办法，船很可能漂回海上，情况十分危急。关键时刻，皮洛士决定跳海游过去。皮洛士二话不说跳入海中。他的侍从和护卫也紧跟皮洛士跳入海中，他们想尽办法帮助皮洛士上岸。当时的场景相当恐怖，天色已晚，伸手不见五指。海风咆哮，海浪一浪高过一浪。拍向海岸的浪花在风的作用下快速涌回。这一切都让人们无比恐慌。幸运的是，天亮后，幸存的人都成功地爬上岸了。

在海水里挣扎并浸泡了一夜后，皮洛士精疲力竭了，但这丝毫没有打击到他。随后，塔伦图姆派来的士兵赶到岸边支援，剩下的船也开始登陆。此时，风小了很多，士兵们上岸也相对容易了。皮洛士将幸存的士兵集中起来，重整队列。这时，他发现步兵只剩下两千人，此外，只剩下几匹马和两头大象了。皮洛士就率领着这样的队伍赶往塔伦图姆。皮洛士到达塔伦图姆城时，齐纳斯已经率领将士赶来迎接。

来到塔伦图姆后，皮洛士表现得像这个国家的统治者一样，他接管了城中所有事宜。

皮洛士发现，塔伦图姆不仅防御力量弱，而且国内毫无秩序，请自己来只是百姓的无奈之举。其实，可以想到，国家处于危难时，百姓的遭遇自然不好，他们或四处游荡，或赋闲在家，或聚众消遣。他们不再关心国事，一心只想着让皮洛士救他们于水火之中。此时，皮洛士意识到塔伦图姆必须改革。于是，他立即制定了许多改革措施：下令关闭所有娱乐场所，包括公众休息、骑马的场所，一律禁止任何宴饮、狂欢等娱乐活动；强制要求壮丁入伍，组建军队，并且每天进行高强度、长时间的训练。尽管百姓纷纷抱怨皮洛士的法令严苛，但因为权力掌握在皮洛士手中，所以百姓不得不服从。也有一些对举措极为不满的百姓选择了离开。当然，离开的多是城中的懒惰之徒。大部分心怀忠诚、意志坚定的人都留下了。城中的改革进行得如火如荼。同时，皮洛士又着手安排城中的防御事务，他加固了城墙和城门，并组建了一整套哨兵和卫兵的防卫执勤轮岗系统。总之，塔伦图姆城很快就变样了。它不再是那个毫无防御力量的小城，这里已建起全方位的军事防御系统。城里也不再是贪图享乐之人，放眼望去都是训练有素的士兵。

塔伦图姆城位于意大利东南部，这里的百姓大多是从亚得里亚海另一边迁移过来的。因此，城中的百姓算是希腊人的后裔。塔伦图姆的语言和风俗习惯都与亚平宁半岛西部的罗马人不同。罗马人一直宣称自己是世界上唯一的优等民族，而其他民族都是野蛮部落。因此，在请求皮洛士支援时，塔伦图姆的百姓并不觉得自己是在请外人协助，而是在邀请同胞帮忙抵御外敌，因为塔伦图姆的百姓认为皮洛士和他们同根同源，而亚平宁山脉另一侧才是野蛮部落。因此，希腊各族有义务联合起来共同抗敌。这也是塔伦图姆的百姓与皮洛士在此次战争中达成的身份认同。从这个角度看，皮洛士到塔伦图姆后立即能接管城中事宜就显得可以理解了。

塔伦图姆人曾许诺为皮洛士配备足够的兵力，

但那些从邻国借调的兵力久久无法到位。皮洛士的人马还没有凑齐，就有消息传来。消息称，罗马大军在利维努斯的率领下已抵达塔伦图姆。皮洛士立即集结所有兵力前去迎战。行进一段路程后，皮洛士向利维努斯军营派出一名使者去询问双方是否可以和平解决争端问题，皮洛士愿意充当双方的调解员。对于使者的询问，利维努斯断然拒绝，并声称："我不屑于你的调解，更不惧与你对抗。"听到这番回应，皮洛士继续率兵前行。

皮洛士率兵到达一块平地后，下令在此安营扎寨。平地前方有条河叫西里斯河。罗马人也行至此处，他们在河对岸安营扎寨。皮洛士骑马到河边高地眺望罗马人的营地。

皮洛士看到罗马军队井然有序，卫兵和哨兵换岗执勤井井有条。这一切让皮洛士既惊讶又嫉妒。

他不由得说了一句："野蛮的种族安营扎寨这么有条理，但不知道其他方面怎么样。"

说完这句话，皮洛士掉转方向，回到营帐。回去后，皮洛士对即将开始的战斗忧心忡忡。显然，

皮洛士骑马到河边高地眺望罗马人的营地

对方的实力比他预想的强很多。于是，皮洛士决定待在原地等待希腊其他城邦的支援。他一方面不断派人加强防守，另一方面调集了一批人马驻守在河边防止罗马人过河偷袭。得知皮洛士在等待援兵后，利维努斯决定尽快渡河。

罗马人并没有安排统一渡河，而是兵分几路，从不同河段出发。步兵从河流水位比较浅的浅滩渡河，骑兵则从其他地方渡河。一时之间，河流上下都是罗马士兵。被皮洛士派到河边的士兵看见罗马士兵数量特别多，便以为自己被包围了，于是纷纷撤回大营。

得知情况后，皮洛士深感情势危急，非常担心。他赶紧命步兵列阵，拿起武器，随他一起朝河边开进。到达岸边，皮洛士看到这样的一幕：罗马步兵和骑兵正在渡河。他们把手中的盾牌高高举起，让盾牌高于水面。从远处看，人们只能看到河面上满是盾牌。罗马士兵过完河，立马陈兵布阵。皮洛士与罗马人正式开战。

交战双方都比较顽强，大家都越战越勇，战斗持续了很长时间。交战过程中,皮洛士非常惹眼,因为他穿着一件华美的战袍。战袍颜色非常艳丽,吸引了所有人的目光。皮洛士一直在战况最惨烈的地方英勇杀敌。只要哪里需要他,他就会冲到哪里去。后来,皮洛士手下一个叫莱昂纳特斯的将军对他喊道:"您看到那个骑黑马穿白鞋的骑兵了吗?请您小心。他好像在谋划怎么对付您。您看,他一直紧盯着您,您走到哪里他就跟到哪里。我觉得他一定是在找机会对您下手,您一定要小心。"

皮洛士回答道:"我非常清楚,我们无法与命运抗争。但在我看来,无论是他,还是其他人,谁要是想对付我,我一定会让他死无葬身之地。"

皮洛士的话还没说完,就看到莱昂纳特斯说的那个骑兵朝自己快速冲过来。这个骑兵手里拿着矛,矛的铁尖对准皮洛士。在快速跳起的同时,皮洛士也将手中的矛朝着敌人刺过去。两只矛狠狠地撞在一起,同时巨大的冲力也使两匹马撞到了一起。皮洛士的朋友们赶紧冲了过去,他们发现两匹马都已经死了。一些人把皮洛士从马下拉起来带离战场，剩下的人则把那个躺在地上的罗马骑兵刺死了。

皮洛士脱离危险后，决定加强自身保护。他猜想，那个骑兵死后，罗马人肯定特别生气，一定会想方设法复仇。于是，皮洛士趁混乱，脱下了惹眼的战袍，和一个叫麦格科勒的人互换了衣服。换装后，皮洛士率领步兵和大象再次返回战场。这一次，他不再冒险，而是负责指挥步兵，鼓舞士气。

皮洛士换衣的行为确实救了他一命。为什么这么说呢？因为和皮洛士换完衣服，麦格科勒发现敌军总是围着他，许多罗马士兵都对他步步紧逼。最终，麦格科勒命丧敌手。麦格科勒倒下后，杀死他的罗马士兵抓起闪闪发光的头盔和华丽的战袍，冲着罗马阵营挥舞着，以此表明他杀死了皮洛士。消息很快传开，罗马人都以为皮洛士死了，阵营中传出阵阵欢呼和喝彩声。皮洛士的将士备受打击，士气低落。此时，双方士兵都认为皮洛士战死了。如果任由事态发展下去，后果将不堪设想。为了鼓舞士气，皮洛士揭开头盔，骑着马沿河岸来回走动，向将士证明自己并没有死。

最终，经过一番艰苦卓绝的战斗，希腊人赢得了战争的胜利。在很大程度上，这次胜利要归功于皮洛士率领的大象。此前，罗马人从未见过如此庞大的动物。因此，他们面对大象时就手足无措、四下逃散。此时，罗马的骑兵也无法驾驭他们的战马了，同时战马又撞倒了不少罗马士兵，乱作一团。最终，皮洛士一方成功地将罗马士兵赶了出去。被赶走的罗马士兵没有返回营地，而是四下逃窜。皮洛士率军跨过河流，占领了罗马人的营地。

希腊人赢得了战争的胜利

第 6 章　*CHAPTER VI*

谈　判（公元前280年至前279年）

Negotiations (*B.C. 280—279*)

希腊人在西里斯河战役中大获全胜,这对罗马人影响巨大。当然,这种影响不是意味着战事失利打击了罗马人的士气,而是意味着极大地激发了罗马人的斗志。罗马人认为,希腊人之所以能成功是因为皮洛士有杰出的军事指挥才能,并不是因为希腊士兵比罗马士兵生性更勇敢,或者纪律更严明。甚至还有人说,西里斯河战役只能说明利维努斯不如皮洛士,不能说明罗马人不如希腊人。很快,罗马就开始招募新兵,准备集结更多的士兵以发起更大规模的进攻。

听到这个消息,皮洛士非常吃惊。他原以为受到沉重打击的罗马人此刻正在考虑拟定条约求和。他万万没想到,罗马竟然在筹集兵马准备再战。毕竟罗马军队已经从战场撤退,皮洛士也已经率兵占领了那片区域,甚至向罗马城方向推进了一些。后来,皮洛士才明白,罗马人只是为了集结兵力才暂时撤退,并没有打算投降。

面对这种情况,一时之间,皮洛士不知道如何是好。他应该一鼓作气,大胆地向罗马城开进直到彻底拿下罗马城,还是应该攻下意大利西部便见好就收?皮洛士认真地思考了一番后,决定终止行动。于是,他再次向罗马共和国派出使者,这个人正是齐纳斯。

齐纳斯以使者的身份来到罗马城,随行的还有很多仆人。齐纳斯带了许多珍贵的礼物,他准备将礼物敬献给罗马城内的高官来促进和谈顺利进行。一直以来,齐纳斯总能凭借娴熟的雄辩技巧争取最大利益。其实,从此次和谈的准备工作中,人们能窥探齐纳斯在希腊外交事务中获得成功的秘诀。然而,齐纳斯在罗马城遭遇了失败。正式和谈前,齐纳斯把礼物送给了那些他想结交的罗马元老院成员,但所有人都不接受礼物。他们回复道:"如果两国和谈顺利,我们不介意收下您的礼物,但现在和谈尚未开始,收礼实在不合适。"不过,齐纳斯并没有气馁,他又想到一个办法。这也从侧面反映出齐纳斯外交手段的高明。他把礼物送给元老院成员的妻子们,但她们也坚决不收。最后,礼物又回到了齐纳斯手中。

齐纳斯依然没有气馁，他要求到罗马元老院讲明皮洛士的和谈愿望。到了那一天，齐纳斯进入元老院，在元老院成员和罗马百姓代表前发表了一番极具说服力的演说。齐纳斯说，他没想到罗马元老院的建筑如此宏伟；元老院会议就像是国王的会议；参会人员都如此高贵儒雅；会议气氛是如此严肃庄重。齐纳斯的演讲很有感染力。同时，他还用极具说服力的方法传达了皮洛士的和谈愿望。他说，皮洛士愿意与罗马共和国和解，也愿意无条件释放罗马俘虏，从而换回罗马人手中的希腊人。同时，皮洛士愿意和罗马共和国结盟，愿意在罗马人与他国开战时施以援手。皮洛士唯一的要求就是罗马共和国答应不再侵犯塔伦图姆城及依附于塔伦图姆的那些小城。只要罗马人答应这一要求，皮洛士就当罗马人是朋友。

齐纳斯演说完毕走出罗马元老院后，元老院成员就开始讨论齐纳斯的话。人们的意见各不相同。有人坚决反对皮洛士的提议，而有人认为应该接受提议。那些赞成议和的人说："意大利东部城邦听说我们在西里斯河战役中惨败后,他们都纷纷投到皮洛士麾下。现在皮洛士的实力比之前强大了,并且还不断有新的力量加入。我们应该趁皮洛士主动求和的机会赶紧答应。如果坚持开战,恐怕我们的损失会更加惨重。"

在人们讨论时,一位德高望重的元老来到会议现场,他叫克劳迪。克劳迪一直卧病在床,不曾参加元老院的会议。人们没想到,今天他竟然被儿子和女婿搀扶着来到现场。克劳迪双眼已经看不见东西了,并且年老体衰,无法行走。在家里,他听说元老院的人正在就向皮洛士开战问题进行争论,立即吩咐仆人把他从床上抬到椅子上,然后在家人的陪同下穿街过巷来到元老院。他想趁此机会和元老院的年轻人好好谈谈,借以挽救罗马共和国的荣誉和尊严。克劳迪一进入元老院就吸引了所有人的注意。他坐到椅子上,会议现场变得十分安静,所有人都等着他发言。紧接着,克劳迪说了下面这番话:

诸位元老,大家都知道,我的眼睛看不见东西了。多年来,我觉得这简直是一种灾难。而现在,我不仅希望自己的眼睛看不见,还希望耳朵也听不见。因为这样一来,我就不用听到那些侮辱罗马的言论了。想当初,亚历山大大帝开始东征攻打波斯时,我们曾放言:如果他攻打的是罗马,我们罗马人是绝对不会投降的。他如果胆敢攻击、侵犯罗马,我们定会打得他落荒而逃。他又怎么可能获得"战无不胜,攻无不克"的美名呢?现在,我们的豪情壮志去哪里了?我们曾经的豪言壮语响彻寰宇。而现在呢?一个无名之辈从罗马海岸登陆侵犯罗马。仅仅因为他获得了一次成功,你们就考虑与他和解,让他留在意大利。当初我们面对亚历山大大帝尚能临危不惧,而皮洛士不过只是亚历山大大帝的追随者而已。他在自己的国家都没站稳脚,甚至连小小的克基拉岛都无法拿下。

与其说他是来征服意大利的,不如说他是来逃难的。面对这样的人,你们竟然战战兢兢,不敢派兵围剿。你们把我们之前的豪言壮语置于何地?我警告你们,不要妄想能从皮洛士的和谈中获利。这种和约既不能弥补我们过去的损失,也无法保障我们的未来。相反,和约只会刺激其他入侵者。看到皮洛士得逞后,其他国家会认为他们也能不费吹灰之力就搞定罗马。到时候,罗马岂不是任由他国欺凌。

听克劳迪说完这番话,众人一致决定向皮洛士开战。齐纳斯也只好把罗马人的决定告诉皮洛士:"罗马人说,只要您待在罗马一天,他们就绝不提和谈。即使您打一千次胜仗,他们也会与您死战到底。如果您撤出意大利回到伊庇鲁斯,那么他们也许会考虑和您建立友好关系。"

齐纳斯回到皮洛士的营地后,向皮洛士说了上述这番话。然后,他向皮洛士汇报了罗马共和国政府和百姓的情况，如人口数量、财力状况及城市资源情况等。这些都是他在罗马城参加谈判期间获取的情报。作为一名使者，他向来对这样的信息比较关注。齐纳斯的描述一点点击碎了皮洛士的信心。齐纳斯还说罗马人口比他之前预估的还多很多，罗马人现在集结的士兵人数是之前参战人数的两倍。除了士兵，罗马城中到入伍年龄的人也很多。总之，一切都表明，打赢这场仗并非易事。

齐纳斯回到皮洛士身边后，双方都开始积极备战。正式开战前，罗马人派使者法布里修斯到皮洛士的营地商议交换俘虏的事情。齐纳斯告诉皮洛士，法布里修斯为人正直、能力出众，在罗马共和国颇受重视，但法布里修斯并没有多少产业，他完全依靠俸禄过活。于是，皮洛士礼貌地接待了法布里修斯，对他非常照顾，私下里送给他一大笔金子。皮洛士告诉法布里修斯："我只想借此表达对你的敬意，除此之外，并无他意。"然而，法布里修斯还是拒绝了。皮洛士也没有为难法布里修斯。

第二天，皮洛士想带法布里修斯开开眼。他猜想法布里修斯肯定没见过大象。于是，他命人将个头最大的大象藏到里屋，然后命人用帘子挡住身披华丽的毯子、佩戴着盔甲的大象。他自己则到外屋去接待法布里修斯。法布里修斯走到屋里坐下，他完全不知道帘子后面是什么。突然，有人揭开帘子，大象一下子出现在法布里修斯眼前。这时，大象抬起鼻子，冲着法布里修斯发出一阵可怕的嘶叫。然而，法布里修斯并没有被吓到，看起来一点儿也不吃惊，仍然安静地坐在椅子上一动不动。紧接着，法布里修斯转过头平静地对皮洛士说："您也看到了，不管是看到您昨天给的金子，还是今天的大象，我都心无波澜。"

法布里修斯讲话很直接，但皮洛士一点儿也不生气。相反，皮洛士看到法布里修斯如此正直不屈，就更想任用他。于是，他劝法布里修斯从中斡旋，让罗马人签署和约，然后跟自己回伊庇鲁斯任职。皮洛士说："只要你愿意跟我走，我愿让你担任最高军事将领。我会把你当成最亲密的

有人揭开帘子,大象一下子出现在法布里修斯眼前朋友，让你一生享尽荣华富贵。"法布里修斯回复道："不，我不能接受你的邀请。就当是为你考虑，我也不能这么做。因为如果我跟你回伊庇鲁斯，让你的百姓知道我有多么优秀后，他们就会想让我当国王了。"

我们可以猜想，法布里修斯这番话也许是开玩笑的。因为如果法布里修斯是郑重其事说出这些话的，不免给人自负、浮夸的感觉，而这些感觉与我们了解的法布里修斯的性格严重不符。不管怎样，皮洛士都很开心。他越了解罗马人，就越想结束战争，并与罗马人结盟。然而，在皮洛士从意大利撤军前，罗马人又不愿意与他缔结盟约。如果撤军，那就等于皮洛士承认自己的行动失败。因此，双方准备再次开战。

两位罗马大将兼执政官的普布利乌斯·苏尔皮基乌斯·萨维里奥和普布利乌斯·德西乌斯·穆斯率军南下，行至意大利西海岸、塔伦图姆城北部的小城阿普利亚后，决定在亚平宁山的山脚下找一块空地安营扎寨。这块空地靠近阿斯居雅姆城。

营地前有一条河流，水深岸阔，利于防守。营地后方就是亚平宁山。听到罗马大军来临的消息，皮洛士立即整顿兵马，率军迎敌。到达罗马军驻地附近后，皮洛士命军队在河这边驻扎下来。两军营地相隔不远，中间仅有一条河流。接下来，双方都密切关注着对方的一举一动，看谁会先跨过河流。双方都按兵不动，等待对方行动。

两军对峙许久，彼此都在等待时机。此时，皮洛士军中开始传言罗马执政官普布利乌斯·德西乌斯·穆斯会一种超自然魔法。在特定的时候，凡是与普布利乌斯·德西乌斯·穆斯作对的人最后都会死于非命。这个消息让皮洛士军中人心惶惶。希腊士兵不怕与罗马军团对抗，但关于普布利乌斯·德西乌斯·穆斯的神秘传言让他们胆战心惊。

其实，拥有超自然力量的人不是罗马执政官普布利乌斯·德西乌斯·穆斯，而是他的祖父普布利乌斯·德西乌斯·穆斯。他们只不过是名字相同而已。他祖父普布利乌斯·德西乌斯·穆斯在世时，皮洛士还没有出生。普布利乌斯·德西乌斯·穆斯早年军阶较低。在一次战役中，罗马军队被困在峡谷里。即将覆亡之际，普布利乌斯·德西乌斯·穆斯带领几名士兵与敌军顽强搏斗，占领了山中的一处高地，最终将峡谷中的将士顺利救出。因为这件事，普布利乌斯·德西乌斯·穆斯获得无数赞誉。当时的罗马执政官赏他一顶黄金冠、一百头公牛和一头牛角镀金、体态俊美的大白牛。军中将士为他举行了盛宴。按当时的风俗，人们还为他戴上了由干草编成的桂冠。虽然用的材料并不名贵，但佩戴桂冠本身就代表着极大的荣誉。

此后，普布利乌斯·德西乌斯·穆斯平步青云，一路高升。最后，他当上了罗马共和国的执政官。在他任职期间，有一次，他和同僚托夸图斯率领大军镇压罗马共和国的内部叛乱。决战在即，双方都已排兵布阵，各项工作准备就绪。战斗的号角将在第二天清晨吹响。然而，就在前一天晚上，异象显示此次战斗双方皆有伤亡，其中一方会失去一名大将，而另一方的将领虽无生命危险，但会全军覆没。因此，如果哪位将领自愿献身，那么他们的士兵就能幸存。相反，如果他们选择自救，那么对方的将领会死亡，而自己的将士则会死无葬身之地。

一早，普布利乌斯·德西乌斯·穆斯和托夸图斯就碰面商量此事。他们两人中一定要牺牲一个人，从而保证罗马军队在战役中大获全胜，但问题是，他们两人谁去死呢？最后，他们决定像往常一样各自领兵上战场杀敌。在杀敌过程中，如果哪支队伍先后退，那么先后退的队伍的将领就自觉献身。后来，普布利乌斯·德西乌斯·穆斯的队伍先后退了。因此，普布利乌斯·德西乌斯·穆斯必须牺牲自己。于是，普布利乌斯·德西乌斯·穆斯召来军中的大祭司。大祭司给他穿上献祭者的服装，将战袍裹在他的头上，然后让他站到事先放到地上的一支矛上，不断重复道："我愿为死神献上自己和对方的队伍为祭。"然后，普布利乌斯·德西乌斯·穆斯跨上战马，全力冲向敌人最密集的地方。无数支矛和标枪相继将他刺穿。很快，敌军全面溃退，罗马军队横扫战场，大获全胜。

普布利乌斯·德西乌斯·穆斯拥有"超自然力量",他通过自己战死沙场的结局换取了全军胜利。如今,这种神秘的力量传到了与他同名的长孙身上。这个人就是皮洛士的对手——普布利乌斯·德西乌斯·穆斯。希腊军中盛传,一旦两军交战,普布利乌斯·德西乌斯·穆斯就有可能像他的祖父一样,自愿为祭,从而让希腊军全军覆没。皮洛士的将士虽然敢直面战场上的各种危险,但他们深知自己无法对抗神明,因此非常害怕。

在这种情况下,皮洛士派信使前往普布利乌斯·德西乌斯·穆斯的营地传话:"我警告你,你最好不要在战斗中使用任何妖术,否则你一定会后悔。我已经吩咐下去,在战斗过程中,你要是胆敢冲到我军这边来,我方将士绝不会将你杀死,而会将你活捉。等战事结束,我们会用酷刑好好折磨你这个巫师和骗子。"对此,普布利乌斯·德西乌斯·穆斯回复说:"我们在战场上用哪种战术,就不劳你费心了。你说的那种战术,我们只有在极危险紧急的情况下才会用。对付你们,我们根本不需要使用任何超自然力量。我们使用普通的战术就足以将你们拿下。"为证明所言不假，普布利乌斯·德西乌斯·穆斯甚至还放弃河流的防御优势，允许皮洛士率军安然渡河，等皮洛士渡河后再开战。或者，普布利乌斯·德西乌斯·穆斯率军过河，到皮洛士所在地开战。也就是说，为公平作战，普布利乌斯·德西乌斯·穆斯让皮洛士自选战斗场地。

皮洛士当然愿意接受这一安排。他选择待在原地，让罗马军队渡河。罗马军队横渡河流登岸后，立即在平地上排兵布阵，准备战斗。此时，皮洛士也开始集结队伍，准备应战。

罗马将士最害怕希腊军中的大象。为此，他们还准备了一些特殊装置——战车，并在每辆战车上配备了尖尖的长矛。战车前进时，长矛就对准大象，直到将其刺伤或刺死。同时，每辆战车上还有许多士兵，他们手中都拿着火把。当战车靠近大象时，士兵们就把火把扔向大象，恐吓大象。所有战车都小心翼翼地朝着大象移动，并且所有驾车的士兵都接到命令：等大象移动了再开动战车。

从两军的备战情况及参战人数可以预料到战况会十分激烈。战斗持续了整整一天，战场不断扩大。时而这方胜利，时而那方胜利。有时战斗优势转向这方，有时转向另一方。一时之间，难分胜负。大象成功地把战车围了起来，这极大地摧毁了罗马兵力。同时，一小支罗马军队找到了皮洛士的营地，他们打算把希腊军的大本营夷平。于是，皮洛士又抽出一部分兵力去守卫营地，这让皮洛士在战场上陷入被动状态。经过一番波折，皮洛士终于重新将人马集结起来，将士们士气高涨，皮洛士开始掌握战役的主动权。在作战过程中，普布利乌斯·德西乌斯·穆斯被杀，普布利乌斯·苏尔皮基乌斯·萨维里奥独自指挥罗马军队作战。皮洛士也身负重伤。最后，太阳下山，黑夜来临，战斗无法继续，双方开始撤军。战场上都是阵亡将士和生命垂危的士兵。一名将军向皮洛士道贺："太好了，我们又打退了敌军。"

实际上，这场战斗结束后，双方都很疲惫，无力再次开战。于是,双方都撤回安全区域,各自招兵买马,整顿装备,为下次战斗做准备。双方都按兵不动,直到秋季结束冬季来临,最后一直等到春天来临。春天一到,两军再次开战。现在,罗马大军有两名新的指挥官,其中一位是之前与皮洛士打过交道的法布里修斯。皮洛士和法布里修斯已经很熟了。在公开场合,他们是劲敌;但私下里,两人关系甚好。

皮洛士的军营中有一位医生叫尼亚西斯。某一天,尼亚西斯突然想到,只要自己投毒害死皮洛士,就可以向罗马人讨要一份赏金。于是,他给法布里修斯写了一封信说明自己的计划。法布里修斯收到信后,立即与同僚商议了一番。最后,他们决定把这件事告诉皮洛士,让他提防身边人。罗马人派人把尼亚西斯的信交给皮洛士,同时,他们还给皮洛士写了一封信,信中说道:

法布里修斯和昆塔斯·阿米里乌斯问候皮洛士国王:

你好像既不擅长树敌，也不擅长择友。看完我们送你的那封信，你就知道，在你身边深受你器重的人不一定牢靠。你最信任的医生背叛了你，他打算毒害你。我们把这件事告诉你，不是出于友情，而是因为我们不想被人误会，说是我们实施的暗杀行动。我们不齿这种行径。此外，我们也想用行动向世人证明，我们可以光明正大地打败你。

皮洛士对敌军的慷慨之举心存感激。为了表达谢意，皮洛士立即下令释放所有罗马俘虏。同时，罗马人也不想平白无故接受恩惠，于是把同等数量、同等级别的希腊俘虏遣送回皮洛士的营地。

面对罗马人的举动，皮洛士更加不想与罗马军队作战。他每天都想着与罗马军队和谈。他想成为罗马人的盟友，而不是敌人。然而，罗马人一定要皮洛士撤军回国才肯与他和谈。对此，皮洛士又无法让步。就这样，皮洛士越来越头疼。他迫切希望有其他事情可以转移自己的注意。这样,他就有理由从意大利撤军了。

第 7 章　*CHAPTER VII*

西西里战役（公元前 291 年至前 276 年）

The Sicilian Campaign (B.C. 291—276)

我们在前文中提到，皮洛士的妻子安提戈涅去世后，皮洛士娶了叙拉古国王阿加托克利斯的女儿拉纳莎。阿加托克利斯是一位臭名昭著的暴君，手下的士兵同样是一些臭名远扬的强盗。阿加托克利斯率领这样的军队到处烧杀劫掠、无恶不作。他们有时进犯意大利，有时侵入非洲海岸的迦太基，有时还骚扰地中海的岛屿。阿加托克利斯多次征战沙场，饱尝战争的酸甜苦辣。有时，他能大获全胜，享受成功的喜悦；有时，他也会因鲁莽和愚蠢而身处险境，他常常为了独自逃命而舍弃所有。

有一次，阿加托克利斯带兵到非洲抢掠。后来情况突变，他毅然舍弃全军将士，带着几个随从逃回国。阿加托克利斯的逃亡特别突然，甚至没来得及把两个儿子带上。于是，两个儿子落到他的部下手中。为了泄愤，部下把他的两个儿子全部处死，然后向敌军投降。消息传回西西里岛，阿加托克利斯气得要死。为了报仇，他命人把那些将士的妻子儿女、兄弟姐妹及其他任何相关的人都抓起来处以死刑，然后把他们的尸体投入大海。

死去的人特别多，场面极惨。最终，海水都被染成了血色。

阿加托克利斯的暴行引起了人们的不满。在之后的日子里，不计其数的人想杀他。人们都想取他性命，就连他的孩子们也对他恨得咬牙切齿，想杀了他。如果历史记录属实，阿加托克利斯是被自己的孙子阿奇埃加瑟斯杀死的。不过，这个故事太过残忍，使人们觉得不太真实。据说，阿奇埃加瑟斯先杀了阿加托克利斯的一个儿子，也就是自己的亲叔叔，而阿奇埃加瑟斯的父亲已经去世。这样一来，阿奇埃加瑟斯就成了唯一继承人。后来，阿奇埃加瑟斯等不及阿加托克利斯老去，就想办法杀了他。另外，他的好几个儿子也被杀了。当时，阿加托克利斯有一位妻子叫忒库希娜，她有两个儿子。为了避免阿奇埃加瑟斯杀死这两个孩子，阿加托克利斯决定把孩子和忒库希娜送往埃及避难。不过，忒库希娜对此非常不满，因为在她看来，去埃及相当于被流放。此外，她知道阿奇埃加瑟斯一直在谋划篡位之事，她不想让丈夫阿加托克利斯一人留在叙拉古。不过，最终她还是答应了丈夫阿加托克利斯，与丈夫泪别。忒库希娜离开后不久，阿加托克利斯就驾崩了。

据说，阿加托克利斯是这样死的：他俘获了一名战俘，名为梅农。当时，梅农年龄特别小，阿加托克利斯就将他留在宫中。尽管梅农是战俘，但他深得阿加托克利斯的喜欢。因此，梅农晋升很快。然而，阿加托克利斯对梅农的宽容和喜爱没有换来梅农的感激，也没有赢得梅农的友情。阿奇埃加瑟斯利用这一点，想方设法引诱梅农毒害阿加托克利斯。众所周知，阿加托克利斯食用的东西必须严格检查，任何有毒成分都会被检测出来。梅农用了一个办法，他把毒液涂到阿加托克利斯的羽毛笔上。因为阿加托克利斯每次饭后都会把羽毛笔当牙签使用，所以毒液就通过这种方式渗入阿加托克利斯的牙齿和牙龈，从而引起剧痛、溃烂。很快，毒液就侵入阿加托克利斯的五脏六腑，将他折磨得奄奄一息。最后，他完全说不出话来，好像已经失去知觉。不过，梅农害怕阿加托克利斯恢复正常，就在他咽气前，放了一把火，最终毁尸灭迹。

《圣经》中有句话："动用刀剑者，必将死于刀剑之下。"纵观人类历史，几乎每一位暴君都验证了这句话。暴君的结局总是很凄惨。无论哪个时代，凡通过暴力夺取王位的人在位时间都特别短，因为总有更暴力的人将他赶下王位；通过暗杀或毒害对手而登上王位的人也总会被想取代他们的人刺杀或毒害。

前文中提到，皮洛士出兵意大利时，阿加托克利斯驾崩已有九年。在此期间，西西里一直处于分崩离析的状态。梅农毒死阿加托克利斯后，立即逃到阿奇埃加瑟斯的军营。当时，阿奇埃加瑟斯正在城外不远处练兵。随后，梅农设法刺杀了阿奇埃加瑟斯，并夺取了兵权。然而，很快又有其他人宣称自己拥有王位继承权。于是，战争爆发。在这个过程中，梅农丧失了兵权。最终，面对混乱的国内局势，西西里的两位将领提议让皮洛士与拉纳莎的儿子回国继承王位。毕竟，皮洛士与拉纳莎的孩子是阿加托克利斯的外孙，而阿加托克利斯王室又没有其他继承人。因此，唯一的办法就是派人去请皮洛士，让皮洛士的小儿子来西西里继承叙拉古的王位，从而让西西里恢复和平。拉纳莎的儿子叫亚历山大。当时，他才十二岁。

收到西西里邀请的同时，皮洛士还收到了从马其顿王国传来的消息。据说，马其顿王国的局势对皮洛士特别有利。因此，人们建议他立即返回马其顿王国，将其占领。一时之间，皮洛士不知如何选择。马其顿人的建议非常有诱惑力。然而，相比之下，出征西西里取得胜利的可能性似乎更大。皮洛士犹豫不决，他甚至抱怨上帝太残忍，竟然同时给了他两个极具吸引力的选择，而自己只能二选一。最终，他决定先出征西西里岛。

皮洛士决定出征西西里岛，是因为那里离非洲海岸特别近，并且这关乎迦太基人的利益。如果皮洛士能在西西里岛的战事中取胜，那么他就可以借机进入非洲。到时候，他就能夺取迦太基人的政权，将整个非洲拿下。这样一来，他统治的区域不仅包括伊庇鲁斯、意大利南部和西西里岛，甚至还包括非洲。这样，他就能轻易地征服希腊，并将地中海沿岸所有经济富裕、人口稠密的城邦纳入自己的统治范围。皮洛士将会拥有世界上最强大的海军。如果到时候他还想入侵其他国家，一切就容易多了。

总之，皮洛士决定先转战西西里岛，然后再处理马其顿王国的事。

做完决定，皮洛士立即从意大利撤军，然后把兵力调集到塔伦图姆。皮洛士开始全面备战：建造、修缮船，制作帆布索具，训练士兵，筹备粮草及其他军需，一切都进行得如火如荼。塔伦图姆的百姓也和他们一起备战，他们不是在观望，而是直接参与其中。皮洛士俨然成为这个国家的领袖，他掌握着塔伦图姆的最高统治权。尽管塔伦图姆的百姓无意接受皮洛士的领导，但皮洛士说："所有人必须遵守秩序、服从命令，否则我们永远都无法打败敌人。"皮洛士言之有理。此外，皮洛士的确也击退了罗马军队两次，他用事实证明了自己的能力。因此，塔伦图姆的百姓也就无话可说。毕竟政权暂交外邦人统治总比被罗马人全面占领好一些。

然而，塔伦图姆的百姓知道皮洛士还没打败罗马军队就准备转战西西里岛后，他们立即表示抗议。他们希望皮洛士一直待在塔伦图姆，直到罗马军队彻底落败。因为罗马人虽然受挫，但他们还没有完全投降。因此，塔伦图姆的百姓建议皮洛士等塔伦图姆真正获得独立时再离开。显然，塔伦图姆人的抗议无效。

塔伦图姆人发现皮洛士已下定决心要离开，便要求皮洛士将兵力全部撤回，并将最高统治权还给塔伦图姆。然而，皮洛士不会同意这些要求，因为他一点儿都不想放弃权力。于是，他留下一支军队继续维护自己在塔伦图姆的统治，并派人摄政。此外，他还留下一部分兵力维持塔伦图姆的秩序。一切准备妥当后，他才率军前往西西里岛。

像往常一样，皮洛士无论去哪儿都会安排齐纳斯先行。齐纳斯率领军队登上战舰离开塔伦图姆。

经过一段时间后，他们安全抵达叙拉古。齐纳斯发现，城里的官员已经准备好欢迎皮洛士了。等皮洛士一到，亚历山大就可以继位。齐纳斯安排好各项事宜后，又派人向小岛北部的其他城邦送消息，告诉他们叙拉古决定让皮洛士的儿子亚历山大继承王位，请求他们予以支持。齐纳斯娴于辞令，措辞严谨。最后，西西里岛北部几乎所有城邦都表示同意这一安排。于是，各地百姓都开始准备迎接皮洛士和年轻王子的到来。

从地图上看，西西里岛是一个三角状的岛屿。当时，西西里岛的百姓生活在小岛南部和中部，而小岛的东北部和西北部则由两股敌对势力控制。小岛的东北部是一座叫麦西拿的城市，也就是现在的墨西拿。皮洛士出征意大利时，麦西拿已经在麦尔提尼斯人的控制之下。麦尔提尼斯人十分好战。多年前，西西里战事不断，阿加托克利斯请求麦尔提尼斯人前来支援。麦尔提尼斯人穿过麦西拿海峡，从意大利来到西西里岛。战事结束后，阿加托克利斯开始安排麦尔提尼斯人的返程事宜。

麦尔提尼斯人答应从西西里撤军后，他们向北行至西西里岛东北部的麦西拿，准备在那里起航回意大利。其实，纵观麦尔提尼斯人的行动，他们的确在战事中帮了阿加托克利斯，但他们的蛮横和毫无纪律给阿加托克利斯惹过不少麻烦。在麦尔提尼斯人北上过程中，沿路的百姓人心惶惶，生怕招惹到他们。麦西拿的百姓也不想和麦尔提尼斯人产生摩擦。麦尔提尼斯人抵达麦西拿城后，当地百姓盛情款待了他们，希望他们尽快撤离。然而，事与愿违，麦尔提尼斯人突然起兵占领了麦西拿城，他们屠杀了城里的所有男性，囚禁了妇女儿童，接着占人居所，夺人妻子儿女。

这件事发生在皮洛士出征意大利前。在麦尔提尼斯人统治麦西拿期间，西西里人多次派兵驱逐麦尔提尼斯人，他们想夺回麦西拿城，但始终没能成功。麦尔提尼斯人以麦西拿为据点，相继占领了麦西拿周边的多个城邦，其势力范围不断扩大。

麦尔提尼斯人占领了西西里岛东北部。迦太基人则占据了西西里岛西北部的一些重要地区。迦太基人的兵力主要集中在俄依克斯。此外，他们还占据了俄依克斯南部的重要港口城市利利俾。他们利用港口与迦太基大本营保持紧密联系，并源源不断地运来补给物资。因此，他们可以多次击退西西里人的进攻。

对皮洛士来说，结束西西里岛的战事必须摆平三方势力——中部和南部的西西里人、东北部的麦尔提尼斯人及西北部的迦太基人。而对西西里岛的百姓来说，他们也需要皮洛士解决内部矛盾，让他们团结起来拥护年轻的亚历山大为国王。

西西里内部的问题主要靠齐纳斯解决。他利用强大的和谈手段，成功解决了西西里人的内部纷争。西西里人一致拥护亚历山大的统治，时刻等待皮洛士和亚历山大的到来。至于迦太基人和麦尔提尼斯人，在皮洛士率军抵达西西里岛前，齐纳斯选择按兵不动。

在塔伦图姆，一切准备就绪。皮洛士的舰队由两百艘船组成，每艘船上都挤满装备齐全的士兵。在十万名百姓的目送中，船队离开塔伦图姆港，沿着意大利海岸缓缓前进。最后，船队驶入西西里海域，缓缓向岸边靠近。此时，叙拉古城及周边城市的百姓纷纷拥到岸边观看。在齐纳斯的努力下，所有百姓都视皮洛士为救星，他们迫切地等待着皮洛士一行的到来。他们期盼皮洛士能以亚历山大的名义，在这里重建君主制，恢复社会和平稳定，驱逐外敌。因此，舰队靠岸，皮洛士及其大军一踏上西西里岛的土地时，人群中就爆发出雷鸣般的掌声。

庆典活动结束后，年轻的亚历山大正式登上王位，在西西里建立起政权。当然，国家实权掌握在皮洛士的手中。紧接着，皮洛士准备开战。集结兵马后，皮洛士发现自己手中共有三四万兵马。经过一番筹划，皮洛士决定先攻打迦太基人。他带领大军赶往西西里岛西北部，在那里，皮洛士率军与迦太基人展开激烈的战斗。迦太基人节节败退，之后退回城内，死守城门。皮洛士率军前去攻城。考虑到俄依克斯是迦太基占领的最大城池，皮洛士决定对其实施强攻。将士们开始强行攻城，他们把无数木梯搭到城墙外，然后冲破敌军的种种阻挠，奋力向城墙上攀爬。可想而知，将士们是在拿生命作战。城墙上的敌军也是全副武装，他们不断把手里的标枪、石头及其他各种可投掷的东西掷向梯子上的士兵。

不管皮洛士在其他方面有什么缺点，但有一点值得肯定。作战期间，皮洛士向来都是身先士卒。他亲自带领将士们攻城，并且还是第一个攀爬梯子的人。在发起进攻前，皮洛士举行了盛大的宗教仪式。在仪式中，皮洛士恳请赫拉克勒斯（希腊神话中的大力神）在战役中庇佑自己，他甚至许诺："您如果真的愿意帮我，让西西里的百姓看到我的英勇无敌，见证我如何铸就丰功伟绩，让我无愧于他们的期待，无愧于祖先，无愧于往日荣誉的话，战役结束后，我愿举办很多场庆典，为您献上最珍贵的祭物，使您的圣名远扬。"皮洛士许下誓言后，战鼓响起，将士们在皮洛士的带领下冲向城门。在攀爬梯子的过程中，皮洛士不断用手中的盾牌抵挡敌军扔下来的东西。最后，皮洛士成功登上了城墙。

登上城墙后，皮洛士丝毫没有松懈，他一鼓作气，不断与城墙上的敌人厮杀。敌人一个个死去，在皮洛士的周围形成了一圈由尸体堆积起来的矮墙。

此时，城墙外的梯子上全是士兵，他们冒着敌军的箭雨拼命往上爬。城墙下，不计其数的将士集结起来，不断朝城墙上射箭，投射矛、标枪及其他东西，试图射杀城墙上方的敌军，从而协助爬梯的人登上城墙。在下方将士的帮助下，爬梯的人成功登上城墙。最后，将士们攻下了俄依克斯城。

为了践行许下的诺言，皮洛士举办了盛大的庆典活动，包括各种祭祀、表演及宴会活动，以此表达对赫拉克勒斯神的诚挚谢意。

这次战役后，皮洛士对迦太基人又连续发动了多次战役，在此就不一一详述了。我们需要知道的是，在皮洛士的进攻下，迦太基人被迫撤离俄依克斯城。他们有的躲到据点里不出来，有的退至深山老林。一时之间，皮洛士无法将他们驱逐。皮洛士的确也没有耐心跟他们耗。于是，他转变方向去攻打西西里岛东北部的麦尔提尼斯人。在那里，皮洛城墙外的梯子上全是士兵,他们冒着敌军的箭雨拼命往上爬。城墙下,不计其数的将士集结起来,不断朝城墙上射箭,投射矛、标枪及其他东西士严密部署各项行动,并且每次行动他都亲自上阵。皮洛士英勇拼杀,毫不退缩,因此战果颇丰。他成功地摧毁并占领了麦尔提尼斯人的多个据点,将他们全部驱逐出西西里岛。最后,麦尔提尼斯人不得不退至小岛边境——麦西拿。这样一来,西西里岛几乎全都控制在西西里人手里。不过,外敌只是暂时受到打击,没有完全撤离西西里岛。

迦太基人派使者来见皮洛士,他们声称还想待在西西里岛西北部。因此,他们想跟皮洛士划定边界,从此双方互不侵犯。皮洛士回复,自己对这样的提议不感兴趣。此外,他还学着罗马人回复说:"你们要是全部撤出西西里岛的话,我还可以考虑考虑。"迦太基人当然不会同意,双方和谈就此搁浅。

迦太基人一直坚守在据点。皮洛士考虑到,如果派兵强行驱赶的话,不但耗时耗力,而且结果也不确定。于是,皮洛士决定按照最初的想法,让迦太基人待在西西里岛,自己率兵攻打非洲。皮洛士认为,只要登上非洲的领土,迦太基人大本营的安全就会受到威胁。这样一来,迦太基的统治者就一定会将全部兵力召回,迦太基人自然就会主动离开西西里岛。于是,皮洛士立即整顿舰队,准备穿越地中海。

虽然皮洛士拥有很多船,但海军人数远远不够。因此,皮洛士要求西西里人加入战斗。然而,西西里人非常不乐意。一方面,西西里人知道此次航程漫长且危险,他们不想冒险;另一方面,敌人还没有完全撤离,他们不赞成皮洛士此时离开。他们说:"你这一走,迦太基人和麦尔提尼斯人就会冒出来,而我们的国家会再次陷入苦海。到时,你好不容易夺回来的土地又会被他们占领。这里的百姓也将身处水深火热之中,处境甚至比之前更惨。"

显然,西西里人的担心不无道理,但皮洛士完全听不进去。他决意前往非洲。因此,面对阻挠,他表现得极其蛮横、专制。仅仅因为怀疑某些将领反对自己的计划,皮洛士就下令将其逮捕,甚至还将其中一位将领处死了。这位将领先前还力排众议邀皮洛士来西西里岛，但皮洛士完全不念他们之间的友情。同时，皮洛士积极备战，他强迫西西里岛的将士加入作战队伍，命令他们登船。此外，皮洛士还采取了其他极端措施。如果这些措施是由西西里岛上的国王颁布的，那么百姓也许可以勉为其难地服从。然而，皮洛士只是受邀前来帮助西西里的百姓解决困难的，他的这些措施让西西里的百姓觉得难以忍受。因此，在皮洛士前往非洲前，西西里岛各地相继发生叛乱。有些人加入麦尔提尼斯人的队伍，有些人加入迦太基人的队伍。整个西西里岛极其混乱，皮洛士只能眼睁睁看着他所建立起来的权威顷刻间土崩瓦解。

读者应该知道，皮洛士的性格决定了他不懂得如何应对紧急事件。如果要开创新局面，或是紧急出兵，皮洛士肯定当仁不让，但他的确缺乏处理危机的能力。他充满热情、有冲劲，却没有恒心，也不够果决。他能攻能打，但不会筹谋布局。敌军来临时，他可以毫不退缩，直面敌军，但深陷僵局或困境时，他只想逃避。因此，皮洛士很快就宣布推迟进攻非洲的计划。就在此时，塔伦图姆派人来报，请皮洛士立即返回塔伦图姆。这个情报可能是真的，因为皮洛士留了一部分兵力在塔伦图姆，所以可能是收到了塔伦图姆的消息。无论当时皮洛士是否真的收到了来自塔伦图姆的情报，实际情况都是他正在等待一个离开的机会。

然而，皮洛士的敌人怎么会允许他离开呢？得知皮洛士的计划后，迦太基人派出一支舰队监视西西里海岸，准备随时出动拦截皮洛士；麦尔提尼斯人则派兵穿过麦西拿海峡，前往皮洛士可能登陆的海岸，企图在那里袭击皮洛士的军队。迦太基人和麦尔提尼斯人的计划都成功了。迦太基人成功袭击了皮洛士的舰队，击毁了多艘船只。最后，皮洛士带着几艘小船死里逃生，抵达意大利海岸。然而，麦尔提尼斯人集结了一万人马，已经在岸边等候多时了。等皮洛士一靠岸，麦尔提尼斯人就发起进攻。皮洛士迅速集结了小船上的所有兵力。显然，在一定程度上，麦尔提尼斯人被这些兵力镇住了，不敢一拥而上。最后，麦尔提尼斯人将兵力分为数小支，分别把守海岸到塔伦图姆港沿线的各个峡道，在皮洛士前行途中不断拦截骚扰。最终，麦尔提尼斯人打死了皮洛士的两头大象，击败了他的几支单独行动的小分队，从而彻底打乱了皮洛士的计划，让他的军队陷入混乱。万般无奈之下，皮洛士决定拼死一战。在混战中，皮洛士看准时机，率领一支作战经验丰富的小分队冲出包围，以迅雷不及掩耳之势袭击了麦尔提尼斯人。

紧接着，一场恶战爆发。像往常一样，皮洛士拼死搏杀。压抑很久的愤怒转化为杀敌的力量，皮洛士冲到战斗最激烈的地方。因其力大无比，一时之间，靠近皮洛士的人都倒在他的刀下。

然而，皮洛士的头受了伤，伤口看似很深。很快，他就觉得有点儿晕，鲜血顺着脸和脖子流下来。皮洛士的朋友赶紧将他救出来。他们把皮洛士带到安全地带后，皮洛士竟然醒过来了。军医检查后发现皮洛士伤得并不重。

此时，敌军更加放肆，竟然来到皮洛士营帐的周围，叫皮洛士出来迎战。他们嘲笑皮洛士，话语中满是挑衅和蔑视。一开始,皮洛士还能忍受,但最后他还是爆发了。他满腔怒火,推开身边的朋友和侍从,不理会他们的劝阻,拿起武器冲出营帐与敌军拼杀起来。此时,皮洛士气喘如牛,满脸是血,所有看到他的人都为之一颤。一个不停刺激皮洛士的麦尔提尼斯士兵举着武器朝皮洛士冲了过去。皮洛士避开了对方的攻击,转而举起剑砍向对方的头,生生将那人劈成两半,两半身体分别倒向一边。

很难说,人类的兵器到底有多大的力量。古人认为,单单用剑将人劈成两半几乎是不可能的,即使可能,那也是人类所能达到的极限,并且只有少数人可以做到。不过,在现代人看来,这样的事情是绝不可能的。

皮洛士把人砍死后,麦尔提尼斯人没有继续骚扰皮洛士,而是从此处撤军,让皮洛士率军返回塔伦图姆。最终,皮洛士带着剩下的人马回到塔伦图姆。实际上,他带回来的兵力几乎等于他当初离开塔伦图姆时带走的兵力。但总体来说,皮洛士统治西西里岛的计划全面失败了。就像皮洛士参与的其他军事行动一样，刚开始时，总是能大获全胜，但结局总是不尽如人意。

第 8 章　*CHAPTER VIII*

从意大利撤离（公元前 276 年至公元前 274 年）

The Retreat from Italy (*B.C. 276—274*)

虽然皮洛士返回塔伦图姆时带回的士兵人数与他之前带走的人数差不多，但前后两支军队的战斗力差别很大。当初追随皮洛士的人慢慢不在了，他们有的死在战场上，有的死于战争带来的疲乏与困顿，还有更多人没能挺过行军途中的各种灾难。现在，追随皮洛士的人是他从其他地方强行征来的新兵。这些新兵都是雇佣兵，根本不讲忠义。也就是说，只有皮洛士付薪水给他们，他们才愿意上战场。简而言之，军中这些宣誓效忠皮洛士的人只是一些无组织、无纪律的穷光蛋，他们丝毫不关心为谁而战，更不会因战争的胜败而悲喜。他们追随皮洛士，仅仅是因为皮洛士给他们钱，并且他们喜欢这种生活方式，毕竟还能不时从战场上抢到好东西。

除了士兵的情况，皮洛士还面临其他许多困境。罗马人趁皮洛士前往西西里岛，占领了整个意大利。皮洛士曾经攻下的城池要么被罗马人占领，要么实现了自治。皮洛士在塔伦图姆建立的政权力量锐减，只是死守着塔伦图姆。这种局面让皮洛士迫不及待地想开战收回失地。

皮洛士先采取各种措施整顿部队,并筹集军用物资。他的财力已经耗尽,于是派使者去盟国借钱。皮洛士很清楚,一旦军中将士知道他无力支付佣金,很多人都会离他而去。因此,皮洛士一直惶惶不安,不断催促使者们去借款。

皮洛士并没有坐着等,而是发兵洛克里。从地图上可以看到,洛克里位于意大利南海岸,皮洛士曾占领过这里。然而,在皮洛士出兵西西里岛时,罗马人趁机强占了洛克里。洛克里是一个占地面积较大的小镇。夺回洛克里对皮洛士意义重大,因为著名的死亡女神普罗塞耳皮娜神殿就在此处。神殿建筑气势恢宏,装饰华丽,让洛克里小镇声名远播。神殿也因某些原因而成为皮洛士心中的圣地。

普罗塞耳皮娜就是所谓的死亡之神。现代人很难理解古代希腊人和罗马人的想法,不懂他们为何崇拜神。因为在现代人看来,那些所谓的神不过是人们基于现实将幻想、迷信等杂糅在一起得到的产物。为了更好地理解这个概念，我们需要明白，那时的人还无法分辨真假，他们认为肉眼看到的才是真的。当时，科学和哲学也才起步。也就是说，人们无法区分真实与虚幻。他们从自然界观察到的种种现象，经由想象加工，最终成为他们意识里的真实事物。人们在田野里看到狮子和大象，就会猜想远方必定也有半人半马怪物、美人鱼、鹰头马身有翅的怪兽和龙；人们见过英雄豪杰，就坚信美丽的山巅也居住着神仙及半人半神的生物；人们相信，眼前的美丽风景会一直向远处绵延，永无止境；人们也相信，脚下的土地是无边无垠的；人们猜想人间的亡灵会经由神秘的洞穴直达地底。普罗塞耳皮娜就是死亡女神，也是冥王的王后。

普罗塞耳皮娜的故事有很多版本，其中最详细的版本是这样的：

普罗塞耳皮娜是朱庇特和谷神克瑞斯的女儿。因为追求普罗塞耳皮娜的人太多，为了保护自己的女儿，克瑞斯将女儿藏到西西里岛的一处山洞中，派侍女卡莉吉娜伺候她，同时还派神龙守在洞口。冥王向朱庇特求亲，他想娶普罗塞耳皮娜。朱庇特答应了，派维纳斯将普罗塞耳皮娜带出山洞。维纳斯在技艺之神密涅瓦和守护之神戴安娜的陪同下来到普罗塞耳皮娜藏身的洞口，三位女神设法引开洞口的神龙，然后进入山洞邀请普罗塞耳皮娜出洞。洞外的美景与洞里的荒凉景象形成鲜明对比，普罗塞耳皮娜沉醉在美景中。在微风的吹拂下，普罗塞耳皮娜尽情奔跑，听鸟语，闻花香。其实，鲜花是朱庇特特意变出来的。这些鲜花开到极致，芬芳异常，将普罗塞耳皮娜的仆人吸引到了远处。突然，大地开裂，冥王坐着金色的战车从地下出来，出现在普罗塞耳皮娜的面前。紧接着，冥王一把掳走了普罗塞耳皮娜。

得知女儿被掳走后，克瑞斯非常伤心，她立即找到朱庇特，要求他立即把女儿从冥界带上来。朱庇特一直劝克瑞斯同意冥王和普罗塞耳皮娜的婚事，但克瑞斯坚决不同意。最后，在克瑞斯的声嘶力竭的请求下，朱庇特做出了让步：如果普罗塞耳皮娜还没有食用冥界的食物，克瑞斯就可以将女儿带回。于是，克瑞斯前往冥界寻找女儿。不幸的是，普罗塞耳皮娜在和冥王穿过极乐世界时，随手从树上摘了一颗石榴并吃掉了。冥王不同意克瑞斯将普罗塞耳皮娜带回奥林匹斯山。最终，双方达成协议，普罗塞耳皮娜陪冥王在地下待六个月，然后再回山上和母亲克瑞斯待六个月。

人们很敬重普罗塞耳皮娜，各地的百姓都会为她举行各种祭拜仪式。在人们心中，普罗塞耳皮娜半年待在冥界、半年住在山上的生活方式意义非凡。这就跟植物一样，有一个生死轮回的过程。她在山上的六个月里，植被欣欣向荣，绿色覆盖大地。六个月后，她回到冥间，大地一片荒芜，植被只剩下根茎埋在土里。因此，她成为植物的代名词，她不仅象征着死亡和坟冢，也预示着复活和再生。

人们为普罗塞耳皮娜建造了许多神殿，其中一座就在洛克里。这里不时有各种庆典，有时甚至有盛况空前的游行。这座神殿香火特别旺，神殿里的财富不断增加。每当有王子或君主前来祭拜时，他们都会奉上一些金银器皿和珍贵的宝石等。

皮洛士夺回洛克里后,神殿自然也属于皮洛士。皮洛士的谋士们建议:"既然咱们现在急需用钱,不如就用神殿里的财宝吧!"他们认为,神殿里的财宝属于国家。洛克里的百姓在皮洛士出征西西里岛时叛变,现在皮洛士夺回洛克里,那么这些财宝就算得上是战利品。皮洛士接受了谋士们的建议,他下令将神殿中珍贵的物件全部带走,将它们装船运往塔伦图姆全部变现,这样他就有足够的金钱筹备军用物资了。

不幸的是,船队在海上遭遇了一场巨大的暴风雨,差点全军覆没。划船的水手掉入水中淹死了。不过,船上的财宝没有丢失。汹涌的海水将船和水手吞没,却将财宝冲到了岸边。皮洛士的手下发现,财宝全都散落在岸边的石头和沙砾中。面对突如其来的灾难,皮洛士非常害怕,他认为这是神的惩罚,因为他抢掠神殿里面的财宝,亵渎了普罗塞耳皮娜。于是,皮洛士小心翼翼地将散落在岸边的财宝捡起来,悉数送回洛克里。此外,皮洛士还在普罗塞耳皮娜神殿举办了隆重的祭拜仪式,以表忏悔。

同时，为了进一步平息普罗塞耳皮娜的怒火，皮洛士还下令处决了建议他占财宝为己用的谋士。

皮洛士尽量弥补自己的过错，但他的内心还是无法平静下来。他一直惦记着自己招惹神明的事，他不相信普罗塞耳皮娜的怒火会平息。后来，每当灾难降临，他都会将其归因于此。他觉得，死亡女神普罗塞耳皮娜一直跟着他，目的就是毁掉他。

当时已是深秋，皮洛士和罗马人都停止行动，准备来年春天再战。停战后的这段时间，皮洛士一直在练兵，他积极地为来年的战斗做准备。不过，在备战过程中，困难不断出现。首先，军中依旧财政短缺，只有少数盟友借钱给皮洛士。其次，塔伦图姆的百姓已不像从前那样信任皮洛士了，他们无法原谅皮洛士撇下他们前往西西里岛之举。因此，他们现在也就不会把身家性命再次交到皮洛士的手中，他们对皮洛士也不如往日那样热情了。因为各种原因，在练兵的过程中，皮洛士不断遭到各种阻碍，他的内心也随之变得不安和阴郁。

尽管如此，皮洛士仍然没有放弃。春天一到，他就率领一大批人马迎战罗马人。在两位执政官的率领下，罗马军队兵分两路。两支队伍的行军路线不同，一支队伍朝北行进，穿过萨谟奈；另一支队伍朝南开进，越过卢卡尼亚，这支军队的首领是库里乌斯。两支队伍尽管路线不同，但目的地都是塔伦图姆。皮洛士也将自己的军队分为两支。他派一支军队向北行进，迎战罗马军队的北行军队；自己率领另一支军队向南行进，迎战从卢卡尼亚来的那支罗马军队。

皮洛士率军进入卢卡尼亚时，向南行进的罗马军队也到了卢卡尼亚。罗马军队将领库里乌斯发现对方将领是皮洛士后，立即派兵知会北行军首领兰图拉斯，让他直接率兵来卢卡尼亚，然后他们一起攻打皮洛士。库里乌斯在一个叫贝内文托的地方安营扎寨，构筑起坚固的防御工事。皮洛士进入卢卡尼亚后不断向贝内文托靠近。在了解了敌军的情况及库里乌斯的打算后，皮洛士让军队停下来。他开始筹划最佳行动方案。最后，皮洛士得出结论，他认为应该在对方援军到来前开战。于是，皮洛士立即率军前行，他想攻其不备。皮洛士率军在卢卡尼亚的主道上快速行进，越来越接近贝内文托。傍晚时分，皮洛士令全军将士安营扎寨，但皮洛士并没有等到天亮才进攻。在向导的带领下，他率领全军将士举着火把从山中小径穿越漆黑的森林和阴暗的峡谷。皮洛士是想在第二天清晨时分，出其不意，攻其不备，从山上直接冲到罗马人的营帐中。

尽管将士们做了充分的准备，但前行之路困难重重，导致行军速度非常缓慢。林间小路有很多灌木丛、岩石、倾倒的树干及沼泽。夜间，很多将士的火把都熄灭了，有的是不小心灭的，有的是燃料燃尽灭掉的。在这种情况下，将士们只能在黑暗中摸索着前行。走过一段曲折迂回的小路后，很多人都迷路了。尽管困难重重，皮洛士还是带领着主力部队勇敢地行进。黎明时分，主力部队成功抵达罗马军队的营地附近。整顿好人马后，皮洛士立即陈兵布阵，带领将士们从山上冲下来，叫喊着冲进罗马军队的营地。

罗马人惊呆了，营地瞬间乱作一团。不过，罗马士兵很快拿起武器，冲出营帐，抵抗敌军。他们的反抗取得了成功。之后，罗马人就从被动防御转变为主动进攻，甚至还有人突出重围主动与敌军对抗。最终，罗马人占了上风，希腊人被迫撤退。希腊人死伤众多，就连皮洛士带去的大象都被杀掉了。罗马人相当开心。

库里乌斯对自己的军队非常有信心，于是决定不等兰图拉斯来直接向皮洛士开战。主意已定，他将兵力集中到营地旁边的平地上，占据地形优势。实际上，库里乌斯和皮洛士之间全是平地，根本不存在所谓的优势。皮洛士接受了库里乌斯的挑战，率领军队到罗马军队对面，双方正式开战。

战斗开始不久，皮洛士的一支侧翼部队就开始后退，而另一支侧翼部队在皮洛士的率领下不断获胜。皮洛士亲自率军，他的骁勇善战极大地激励了众将士，将士们坚决地与敌军进行殊死搏斗。最终，将士们击退了一批又一批罗马士兵，将他们逼回营地。然而，能够取胜不只是因为皮洛士一人的缘故。在很大程度上,象群也发挥了重要作用。罗马人完全不了解大象,不知道该怎样抵御大象的进攻。无论罗马人躲到哪里,大象都能冲过去将他们的掩护工事夷为平地。面对这种状况,库里乌斯又调来了一支兵力。其实,这是罗马军队的后备军,就驻扎在营地附近,时刻准备着投入战斗。此刻,这支军队得到指令,加入战斗攻击象群。他们一手挥动着剑,另一手拿着早已准备好的火把冲进战场。靠近大象时,他们把手中的火把扔向大象,吓唬它们,使得象群彻底失控。然后他们用手

他们把手中的火把扔向大象,吓唬它们,使得象群彻底失控

中的剑攻击驯象师，以及协同大象作战的希腊士兵。罗马人的反击很成功，象群很快失控，有的大象甚至冲到密集的人群中。人们纷纷逃散，场面极其混乱。大象将士兵们撞倒在地，肆意踩踏。有的大象被矛刺中，痛得倒在地上。

据说，在混乱的战场上还发生了一件特别的事，这件事生动地展现了动物伟大的母爱。当时，皮洛士的象群中有一只小象，它的母亲也在战斗的队伍中。小象虽小，也可以参战。小象距离母象不远。在作战过程中，小象受伤后发出可怕的惨叫。母象听见叫声，辨别出是自己孩子的叫声。母象一心只想保护小象，瞬间失控，挣脱了驯象师的控制，横冲直撞，将身边的一切障碍物都踩得粉碎。这一幕发生在罗马后备军加入战斗后不久，直接导致了战场上的混乱。

最终，皮洛士战败，被迫退回塔伦图姆。罗马军队乘胜追击，攻城略地。皮洛士撤退的速度越快，能跟上的士兵也就越少。到达塔伦图姆时，皮洛士的身后仅剩几名骑兵。皮洛士赶紧向盟友求援,但援军一直没来。为了能将剩下来的士兵留在身边,皮洛士不惜伪造盟友的信。他在伪造的信中称马上就会有补给。然后,皮洛士把这些信拿给将士们看,防止他们泄气离开。然而,这种计谋只能维持一时的平静。皮洛士很快就意识到,自己已经无法在意大利重新崛起了。他决定放弃。皮洛士假装想要弄清楚为什么盟友承诺的救援还没到,还说援军肯定是玩忽职守,在路上耽搁了。因此,他要亲自去看看是怎么回事。皮洛士承诺他一定会尽快返回。然后,皮洛士从塔伦图姆港扬帆起航,穿过亚得里亚海,回到伊庇鲁斯。此时,距他离开伊庇鲁斯已过去了六年。

第9章 *CHAPTER IX*

利西马科斯家族（公元前284年至前273年）

The Family of Lysimachus _(B.C. 284—273)

读者们也许还记得，皮洛士出征意大利前曾出兵马其顿王国。当时与他作战的是利西马科斯。皮洛士离开马其顿王国后，利西马科斯统治马其顿王国多年。后来，在一次政变中，利西马科斯被迫让位。这也从侧面反映出古代权力分配制度的特点——古代盛行王位世袭制，并且君主的权力至高无上。

研究政治体制的学者认为，王位世袭制与选举任命制相比有绝对优势，那就是它具有确定性。在王位世袭制国家，一旦君主驾崩，国家的最高权力自然转移到君主的嫡长子手里。然而，如果在选举任命制国家，要进行选举，而选举必然产生争论，争论导致分化，最终形成党派。党派之间还要立论争辩，争辩完才有结果，而争辩的结果不一定能服众。因此，王位世袭制更简单透明，更具确定性，而选举制会引发无穷的争议，甚至导致内战爆发。

从理论角度看，王位世袭制的确比选举制有优势。不过，在实际操作过程中，会发现王位世袭制也有不确定性，甚至情况会更复杂。国王驾崩后，仅有一名继承人的情况往往不存在。王室有很多分支，各分支之间的关系相当复杂。这些关系会因婚约而联结，也会因军事行动或变革而改变。王室成员关系错综复杂，很难厘清。例如，法国王室成员的关系就是这样。波旁家族、奥尔良家族和拿破仑家族都宣称自己有权执掌最高权力，三方都宣称自己是合法继承人。争端只能凭借三方的实力解决，别无他法。即使想按照律法和平解决争端，也没有任何一条律法适用。或者是相关律法太复杂，理论上根本解决不了。因此，解决问题的唯一办法就是用实力说话。

实际上，古代王朝的历史是由不同家族或同一家族不同分支之间抗争和夺权组成的，因为每一方都会宣称自己拥有合法继承权。历史充满阴谋和血战。皮洛士出征意大利和西西里岛期间，马其顿王国就经历了这样一段血雨腥风的日子。这段日子里主要涉及利西马科斯家族及其继承人的事情。接下来我们详细来看一下。

皮洛士出征意大利前，一直在马其顿战场与利西马科斯较量。利西马科斯当时已经上了年纪，他七十多岁。利西马科斯曾追随亚历山大大帝多年，是亚历山大大帝手下最杰出的将领。据说，利西马科斯年轻时力大无比，非常勇猛，军中流传着许多他的故事。例如，利西马科斯有次在叙利亚狩猎，遇到一头巨大的狮子，经过一番拼杀，利西马科斯虽然伤痕累累，但他还是成功杀死了狮子。还有一个故事，讲的是利西马科斯无意中惹怒了亚历山大大帝，亚历山大大帝下令将利西马科斯处死。处死的方式极其残忍，是把他扔到狮子的洞穴里。当时盛行这种行刑方式。据说，这样做可以达到两个目的：一是可以惩罚犯人；二是对狮子有益。因为给狮子投食活人，可以激发狮子的本性，让它更加残暴，这样的狮子才更具价值。然而，在惩罚利西马科斯时，这两个目的都没能达成。被投入洞穴后，利西马科斯立即对狮子发起攻击。他虽然没有兵器，但还是成功地杀死了狮子。亚历山大大帝非常钦佩利西马科斯身处绝境时爆发出来的力量，于是赦免了他，让他官复原职。

利西马科斯一直追随亚历山大大帝，直到亚历山大大帝驾崩、几位将领瓜分完帝国。利西马科斯占据了马其顿王国东部的色雷斯。因此，利西马科斯也是色雷斯国王。利西马科斯娶的好几任妻子都给他招来不少麻烦。他的第二任妻子是一位来自西西里岛的公主，她叫阿玛斯特里斯。嫁给利西马科斯时，阿玛斯特里斯是个寡妇，还带着两个孩子。利西马科斯娶了阿玛斯特里斯之后不久就抛弃了她。无奈之下，阿玛斯特里斯带着孩子回到西西里岛的一个城邦。当时，孩子尚未成年。因此，阿玛斯特里斯一直以孩子的名义执政。后来，两个孩子与阿玛斯特里斯发生冲突，为了夺权，他们竟然将阿玛斯特里斯溺毙。利西马科斯觉得心中有愧，认为是自己导致了阿玛斯特里斯的死亡。为了替阿玛斯特里斯报仇，利西马科斯出兵西西里岛，占领了那座城邦，抓了阿玛斯特里斯的两个儿子，并将他们处死了。

抛弃阿玛斯特里斯后，利西马科斯又娶了阿尔西诺伊。阿尔西诺伊是位埃及公主，是托勒密一世的女儿，而托勒密一世是拉古斯的儿子。不知道是因为阿尔西诺伊太有魅力，还是因为阿玛斯特里斯脾气差、品行坏，总之，利西马科斯抛弃了阿玛斯特里斯，娶了阿尔西诺伊。

利西马科斯非常希望享受到家庭的平静与和睦带来的欢乐，但娶了阿尔西诺伊后，他就再也没有享受过家庭的温暖了。托勒密家族成员长期不和。阿尔西诺伊嫁给利西马科斯后，两国又缔结了一桩婚约。从此，托勒密家族的不和转到利西马科斯家族中，并给利西马科斯家族造成致命的打击。

事情是这样的：托勒密一世的第一任妻子是安提帕特的女儿欧里狄克[①]。随托勒密一世前往埃及时，欧里狄克还带了贝勒尼基一世。贝勒尼基一世是一位年轻漂亮的寡妇。当时，欧里狄克想带着贝勒尼基一世可以做伴，但她没想到，贝勒尼基一世获得了托勒密一世的宠爱。最后，托勒密一世竟然娶了贝勒尼基一世。从此，欧里狄克和贝勒尼基一

[①] 与马其顿国王腓力三世的妻子欧里狄克不是一个人，只是同名。——译者注

世成了仇敌。而利西马科斯娶的正是贝勒尼基一世的女儿。此外，贝勒尼基一世还有一个儿子，叫托勒密。托勒密一世驾崩后，儿子托勒密继承了王位。他就是历史上著名的托勒密·费拉德尔普斯，也就是托勒密二世，托勒密王朝的第二任法老。

贝勒尼基一世和欧里狄克分属托勒密王室两大家族，关系非常敏感。欧里狄克这一支是托勒密王室的另一分支。欧里狄克也有一双儿女，儿子叫托勒密·塞劳努斯，女儿叫吕珊德拉。曾经，贝勒尼基一世和欧里狄克是非常要好的朋友，但现在成为仇敌，并且各自有拥护者和追随者。多年来，双方一直想削弱、消灭对方，不断地相互诋毁、陷害、争吵。利西马科斯娶的是贝勒尼基一世的女儿。因此，人们觉得，贝勒尼基一世所属分支会对利西马科斯政权产生比较大的影响。后来，两家族之间又缔结了一桩婚约。利西马科斯的儿子阿加托克利斯娶了欧里狄克的女儿吕珊德拉。从此，家庭关系更加复杂了。作为利西马科斯的妻子，阿尔西诺伊代表母亲贝勒尼基一世这一分支，而吕珊德拉作为利西马科斯的儿媳，代表着欧里狄克这一分支。贝勒尼基一世和欧里狄克之间的仇恨转到阿尔西诺伊和吕珊德拉身上。阿尔西诺伊和吕珊德拉长期不和，都想灭掉对方，这使利西马科斯非常困扰。

在阿尔西诺伊和吕珊德拉的较量中，从表面上看，阿尔西诺伊必然会占上风。因为阿尔西诺伊是王后，而吕珊德拉只是国王的儿媳。不过，吕珊德拉的地位其实也很高，影响力也非常大。这是因为阿加托克利斯为利西马科斯开疆拓土，屡建战功，深受百姓的尊敬和喜爱。不管是城中百姓还是军中将领，都看好他，认为他是国家的希望和骄傲。

阿加托克利斯响亮的名声势必会激起阿尔西诺伊的恨意。阿尔西诺伊和吕珊德拉原本是同父异母的姐妹，但她们母亲之间的仇恨注定了她们生来就是敌人。阿尔西诺伊想方设法削弱阿加托克利斯的影响力，但每一次都被阿加托克利斯小心地避开了。后来，阿尔西诺伊撺掇利西马科斯，让他觉得阿加托克利斯要篡位夺权。真相不得而知，重点是，利西马科斯相信了。他下令逮捕阿加托克利斯，将他捉拿入狱，随后又下令将其毒死。吕珊德拉得知此事后既愤怒又伤心。她非常担心自己及孩子和哥哥托勒密·塞劳努斯的安危。此时，哥哥托勒密·塞劳努斯正好陪在她身边。马其顿王国已经不是安全之所。于是，吕珊德拉带着孩子和哥哥托勒密·塞劳努斯及一些忠仆开始逃亡。他们一直逃到亚洲，得到了叙利亚国王塞琉古一世的庇护。

塞琉古一世也曾追随过亚历山大大帝，他是除了利西马科斯，唯一还健在的一位大将。塞琉古一世也上了年纪，大概七十五岁。一般来说，人到了这个年纪就会放下从前的恩怨纠葛，安度晚年。然而，事实正好相反，塞琉古一世非常欢迎吕珊德拉来到自己身边，这样他就有仗可打了。吕珊德拉到达叙利亚王国不久，马其顿王国的许多贵族和首领紧随其后也来到叙利亚王国。因为此时，利西马科斯采取了极端措施将这些人赶出了马其顿王国。这些人聚集在塞琉古一世的朝堂上，在吕珊德拉和托勒密·塞劳努斯面前，谋划进军马其顿王国，他们发誓要为阿加托克利斯报仇雪恨。很快，塞琉古一世就同意了这一计划，正式向马其顿王国宣战。

利西马科斯没有坐以待毙，他很快集结军队，并率军穿过达达尼尔海峡，进入小亚细亚，迎战塞琉古一世。两军在弗里吉亚交战。经过激烈的战斗，利西马科斯战败被杀。

利西马科斯驾崩后，塞琉古一世率军穿过达达尼尔海峡，进军马其顿王国。他准备占领包括色雷斯在内的各个王国。其间，托勒密·塞劳努斯一直同行。读者们应该还记得，托勒密·塞劳努斯是埃及法老托勒密一世的儿子，他的母亲是欧里狄克。表面上看，托勒密·塞劳努斯并没有权利当马其顿王国的国王。不过，他的母亲欧里狄克是安提帕特的女儿。而在亚历山大大帝驾崩后，安提帕特曾在马其顿王国摄政多年。因此，安提帕特在马其顿王国的名声非常好。直到现在，马其顿王国的百姓还是很敬重安提帕特。因此，托勒密·塞劳努斯认为，安提帕特是亚历山大大帝的继承人，而自己是安提帕特的外孙和继承人，那么他比任何人都有权登上马其顿王国的王位。

此前，托勒密·塞劳努斯在马其顿王国生活过一段时间，他当时住在利西马科斯的宫中。托勒密·塞劳努斯性格比较鲁莽，行事冲动。当初，托勒密·塞劳努斯与托勒密二世的族人发生口角时，他因无法忍受父亲托勒密一世对贝勒尼基一世及其孩子的偏爱，一气之下离开埃及去了马其顿王国。实际上，托勒密一世让贝勒尼基一世的孩子继承法老位置的重要原因就是托勒密·塞劳努斯的脾气过于暴躁。无论实际情况如何，总之，托勒密·塞劳努斯与父亲托勒密一世争吵后，就去马其顿王国投奔妹妹吕珊德拉了。他到马其顿王国后，参与了马其顿王国的很多事务。阿加托克利斯被毒杀后，托勒密·塞劳努斯跟着妹妹吕珊德拉投奔了塞琉古一世。托勒密·塞劳努斯以为塞琉古一世是自己的盟友。于是，在塞琉古一世向利西马科斯宣战时，托勒密·塞劳努斯错把自己当成此行的指挥官，错把此次行动的目的想成帮自己夺取马其顿王国的王位。

塞琉古一世的想法截然不同。他从来没有想过要为托勒密·塞劳努斯的利益而战。他的目的只有一个，就是开拓疆土。至于托勒密·塞劳努斯，塞琉古一世只是把他当成一个追随者、帮手，从来没把他当成重要人物。得知塞琉古一世的想法后，托勒密·塞劳努斯认为塞琉古一世在无耻地利用自己，于是他决定找机会杀了塞琉古一世。

塞琉古一世没想过托勒密·塞劳努斯会对自己起杀心，因此，对他没有丝毫的防范。不久，塞琉古一世率军进入色雷斯。后来，塞琉古一世到达一个小镇，当地的百姓告诉他，这个小镇叫阿尔戈斯。听到这个名字，塞琉古一世变得非常紧张。原来多年前，塞琉古一世曾收到神谕，警告他要小心提防阿尔戈斯，因为命中注定他在阿尔戈斯会有危险。之前，塞琉古一世一直以为阿尔戈斯是指希腊的阿尔戈斯城，但他从来不知道色雷斯也有一个地方叫阿尔戈斯。如果知道，他一定会避开这里。现在，塞琉古一世一听到阿尔戈斯这个名字就觉得有坏事要发生，于是他立即下令撤退。然而，还没等他行动，厄运就降临了。托勒密·塞劳努斯悄悄地走到年老的塞琉古一世身后，用匕首刺向塞琉古一世。很快，塞琉古一世就倒地身亡。

　　托勒密·塞劳努斯立即集合了一支军队赶往马其顿王国。在那里，他为自己加冕，自立为王。这时，他发现，马其顿王国的政权已分为多个派别，每个派别都有自己的主张。托勒密·塞劳努斯没有处理这些党派纷争，而是尽力拉拢安提帕特的旧友故交，并不断宣称自己是安提帕特的外孙和继承人。此外，托勒密·塞劳努斯还不断安抚利西马科斯的拥护者，宣称自己已经为利西马科斯报仇了。在某种程度上，托勒密·塞劳努斯的这一说法是对的，塞琉古一世杀了利西马科斯，而他又杀了塞琉古一世。托勒密·塞劳努斯的说法虽然合情合理，但他偏偏是依靠武力来稳固自己的统治，使他看起来像是用武力征服了马其顿王国，而不是顺应民意继承了王位。

托勒密·塞劳努斯很快就树敌无数，其中最主要的三位对手分别是安条克一世、安提柯二世和皮洛士。安条克一世是塞琉古一世的儿子，他认为父亲攻下马其顿王国，理应拥有马其顿王国的统治权。托勒密·塞劳努斯杀死了塞琉古一世，但他无权统治马其顿王国。安条克一世作为塞琉古一世的儿子，他有权夺回父亲打下的江山。安提柯二世是德米特里厄斯的儿子。在利西马科斯进攻马其顿王国前，马其顿王国一直处于德米特里厄斯的统治之下。安提柯二世认为，德米特里厄斯是继安提帕特之后世人公认的君主，自己作为德米特里厄斯的继承人，有权统治马其顿王国。皮洛士也宣称自己拥有继承权，因为在利西马科斯统治马其顿王国前，皮洛士已经征服了马其顿王国。利西马科斯既然已经驾崩，那么皮洛士有权收回马其顿王国。总之，这四个人都想当马其顿王国的主人，要么宣称自己有合法继承权，要么强调自己曾征服过马其顿王国。他们的争执太激烈了，一时之间谁也说不好究竟让谁登上王位。最后，只能看谁的实力最强了。

托勒密·塞劳努斯最先对抗的是安提柯二世的进攻。安提柯二世率海陆两军同时进攻马其顿王国。经过激烈的战斗，安提柯二世的军队双线败落。托勒密·塞劳努斯获胜，他的地位也通过此次战斗得以巩固和提高。紧接着，在继承马其顿国王王位后，托勒密·塞劳努斯分别与其他两方缔结了和平协定。托勒密·塞劳努斯答应皮洛士，只要皮洛士不再插手马其顿王国的事务，他愿意提供五千名步兵、四千匹战马及五十头大象，支援皮洛士在西西里岛和意大利的战事。

这样一来，托勒密·塞劳努斯只有一件事情还没有解决——利西马科斯的妻子阿尔西诺伊还活着。读者们应该还记得，阿尔西诺伊是吕珊德拉同父异母的妹妹，正是她的嫉妒才导致阿加托克利斯惨死和吕珊德拉的逃亡，也正是吕珊德拉的逃亡引发了塞琉古一世的出征和后来的一系列事件。利西马科斯驾崩后，阿尔西诺伊没有立即向新政权投降，而是带着儿子，也就是色雷斯王国的继承人，逃到了一个经济富裕、防御工事坚固的小城卡桑德拉。阿尔西诺伊很清楚，她已经没有办法扶持儿子登上王位了，但她不能向敌人投降，她应该守住卡桑德拉城，直到国家形势转变。当然，托勒密·塞劳努斯也认为，阿尔西诺伊是一个强劲、危险的敌人。在战胜安提柯二世，与皮洛士和安条克一世和解后，托勒密·塞劳努斯立即向卡桑德拉进军。在路上，托勒密·塞劳努斯一直在思考拿下阿尔西诺伊和她儿子的办法。

最终，托勒密·塞劳努斯决定，在使用武力前，他要先用诡计骗阿尔西诺伊一下。他派人送信给阿尔西诺伊，说与其彼此争夺，不如团结起来。托勒密·塞劳努斯提议阿尔西诺伊嫁给自己。托勒密·塞劳努斯还说，他愿意娶她，愿意将她的儿子视如己出。这样一来，所有问题都将迎刃而解。

阿尔西诺伊接受了托勒密·塞劳努斯的建议。阿尔西诺伊虽然是吕珊德拉同父异母的妹妹，但当时阿尔西诺伊是可以嫁给托勒密·塞劳努斯的。接受建议后，阿尔西诺伊打开了城门。托勒密·塞劳努斯进城后立即杀了阿尔西诺伊的两个儿子，而阿尔西诺伊趁机逃走了。实际上，很有可能是托勒密·塞劳努斯故意放走了阿尔西诺伊，毕竟她的儿子已经死了，她手中没有了威胁王权的筹码，这时候就没有必要对她赶尽杀绝了。如果她真被杀了，反而会给托勒密·塞劳努斯招来麻烦。总之，阿尔西诺伊逃走了。最终，经过艰苦跋涉，她回到了亚历山大港。

阿尔西诺伊逃走后，托勒密·塞劳努斯很满足。目标已经达成，他也彻底拥有了这个强大而富裕的王国的统治权。托勒密·塞劳努斯给他在埃及的兄弟托勒密·费拉德尔普斯写了一封信。读者们应该还记得，埃及法老托勒密一世特别宠爱自己的妻子贝勒尼基一世，因此将法老之位传给了贝勒尼基一世的儿子托勒密·费拉德尔普斯。托勒密·塞劳努斯在信中提到，他允许托勒密·费拉德尔普斯继承埃及法老之位，因为他自己在马其顿得到了一个更好的王国。紧接着，托勒密·塞劳努斯兢兢业业地进行建设，他革新政治机构、招募新兵、修缮城池。做完这些后，托勒密·塞劳努斯认为自己从此可以高枕无忧了。但是，他的美梦很快就破碎了。

多瑙河边有一个半开化的民族——高卢人。这个民族中的一些部落后来定居在现在的法国，而且用自己的族名为那个国家命了名。不过，在我们所叙述的这段时期，高卢人主要在马其顿和色雷斯北部的多瑙河沿岸活动。他们在那里征兵、练兵，势力不断壮大。托勒密·塞劳努斯一直没有留意高卢人。突然，有一天，一个高卢使团出现在马其顿。使者们告诉托勒密·塞劳努斯，高卢人准备进攻马其顿，他们此次前来是想问托勒密·塞劳努斯愿意出多少钱来换取马其顿的和平。当时，托勒密·塞劳努斯正为自己的成就沾沾自喜。于是，他对高卢人嗤之以鼻。他让使者们回去转告他们的首领："我托勒密·塞劳努斯不屑于求取和平，我建议你们即刻回去，乖乖地把你们的高级将领送来当人质，否则，我让你们永无宁日。"可以想象，这种对话之后，双方自然会立即开战。

大象不受控制，将托勒密·塞劳努斯摔倒在地上

托勒密·塞劳努斯集结了马其顿王国所有兵力北上迎敌。自此，两军开战。托勒密·塞劳努斯亲自带兵，他骑着大象冲向战场。在战斗过程中，托勒密·塞劳努斯不小心受伤了。因为他骑的大象受伤了，大象不受控制，将托勒密·塞劳努斯摔倒在地上。此时，高卢人立即将他擒获，并毫不犹豫地将他的头颅砍下，用长矛挑着他的头颅在战场穿行，庆贺战斗胜利。这一场景吓坏了场上的马

其顿人，军中顿时大乱，将士四下逃散。高卢人取得了胜利。

托勒密·塞劳努斯的驾崩预示着新一轮夺权大战即将开始，马其顿王国再次陷入混乱。同时，高卢人在马其顿王国北部进行了更大规模的破坏活动。在夺权大战中，安提柯二世最终险胜，成功登上马其顿王位。听到马其顿王国的情况后，皮洛士认为自己比安提柯二世更有资格登上马其顿王位，于是按捺不住，打算立即与安提柯二世开战。

第10章　　*CHAPTER X*

再次攻打马其顿王国（公元前273年至前272年）

The Reconquest of Macedon (B.C. 273—272)

皮洛士的性格有很大的弱点，他做事完全不会事先规划，全凭感觉。也就是说，他做事只听从本能召唤，不会事先制订计划，更不会根据实际情况随机应变。这样的性格导致他不是朝着战斗目标努力，而是一味地冒险，一味地追求战场拼杀带来的快感。因此，皮洛士尽管能力超群，但没能成就令人瞻仰的伟大事业。他每次行动都是临时决定的，向来追求速战速决。一旦战局开始僵化，双方进入持久战，需要比拼耐力时，皮洛士总是抛下大部队仓皇逃走。他代表这样一类人——天赋极高，终其一生都奋勇杀敌，但因缺乏明确的目标，最终一事无成。人们可以看到他们身上的潜力，却看不到他们取得实际成果。

因此，我们看到，这样的性格使皮洛士不停地转移战场。每到一个国家，皮洛士都能取得重大胜利。在集结兵马、远征行军、安营扎寨、陈兵布阵的过程中，尤其是实战中，皮洛士都表现出不屈不挠的精神和无与伦比的军事指挥才能。然而，每当战役取得一点儿胜利，正需要冷静、慎重地制订长远计划时，皮洛士就茫然失措了。这时，只要有人向他求援，他就一定会毫不犹豫地离开，去下一个地方参加新的战斗。读者会发现，皮洛士的战场从马其顿王国转到意大利，又从意大利转到西西里岛，然后又从西西里岛回到意大利，最后返回马其顿王国。他只享受战场上拼杀带来的快感，却从未取得实实在在的成就。

在返回伊庇鲁斯的路上，得知马其顿王国局势陷入混乱，安提柯二世的政权还不稳固时，皮洛士立即决定再次攻打马其顿王国。不过，皮洛士并不想夺取政权，而是只想趁马其顿王国防御工事脆弱时，入侵马其顿王国掠夺财物。因为当初托勒密·塞劳努斯答应支援皮洛士在意大利和西西里岛的战事。然而，后来，皮洛士需要支援时，安提柯二世拒绝帮忙。因此，皮洛士觉得，他应该去马其顿王国进行掠夺。

此外，皮洛士出兵马其顿王国还有一个原因。他从意大利撤退时，带着一支部队。这支部队虽然人数不多，大概几千人，但还是需要不少粮草和其他开销。当初皮洛士准备的物资很充足,但经意大利一战,所剩无几。因此,皮洛士认为,有必要发起战争来扩充兵力、补充物资。经过考虑,他决定袭击马其顿王国。

高卢内部因政见不同而形成了两个派别。趁高卢人内战之际,皮洛士招了一批高卢人加入自己的队伍。安提柯二世也将一部分高卢人收为己用。准备完毕,皮洛士率军向马其顿王国开进,他很快就越过了马其顿王国边境。

和往常一样,战争一开始,皮洛士就不断取得胜利。随着战争的推进,皮洛士连续攻下数个城池。慢慢地,皮洛士的目标变了,他不再满足于掠夺财物,还想彻底打败安提柯二世,攻下马其顿王国。多年前的那场战事让皮洛士在马其顿王国名声大振。此外,统治马其顿王国期间,皮洛士还深受百姓爱戴。百姓总是拿他和亚历山大大帝做比较,人们认为无论是从外貌气质和行事风格上看,皮洛士都很像亚历山大大帝。两人都英勇无比、慷慨大方。如今再次进入马其顿王国,皮洛士发现百姓依旧很敬重他。城里的几支守卫部队都加入了他的队伍。安提柯二世派了士兵侦察敌情，结果士兵不但没向皮洛士开战，反而加入了皮洛士的队伍。总之，皮洛士发现，出兵马其顿王国已不再是简单的抢掠行为了，而是一次公开的入侵行动。简而言之，皮洛士目前的任务就是与安提柯二世决一死战，并取得胜利。

皮洛士的兵力不断增强，实力得到了巩固。于是，他继续前进。安提柯二世好像在寻找有利的作战地点，率军不断撤退。据史学家记载，皮洛士很快在一个狭窄的山谷里追上了安提柯二世。从当时参战的人数及战事的激烈程度看，峡谷的底部地势比较开阔。

安提柯二世的主力军是方阵部队。方阵部队是当时一种特殊的兵种。这一兵种由亚历山大大帝的父亲腓力二世创建，即使不是腓力二世创建，也是由腓力二世改编过。单个方阵由四千名士兵组成，士兵的站位非常紧凑，整个方阵分为十六排，每排二百五十人。每名士兵都身佩短剑，手持盾牌。这个方阵的最大杀伤力来自士兵手中的巨型长矛。长矛六百三十厘米至七百二十厘米长。长矛的手柄很细，但很结实。长矛的另一端是钢制的。在作战过程中，士兵紧握长矛，直指敌人。矛很长，并且士兵之间的距离又很近，导致第五排士兵举的矛超过第一排士兵十几厘米。也就是说，第一排士兵能看到五把纵横交错、指向不同的铁矛的尖，队伍后方的士兵则会把矛放在前一排士兵的肩膀上，让矛尖指向斜上方。

在方阵部队中，每个士兵都有大型长矛防护。一旦方阵形成，其防御力坚不可摧。钢制矛尖在阳光下闪闪发光，远远看去就像是鱼鳞。方阵部队在平地上移动时，就类似豪猪般的巨型怪兽，让人无法靠近，更无法将其杀死。士兵手持盾牌，能够挡住任何方向的投射物，那些远处射来的飞镖、箭、标枪及其他武器都伤不到方阵里的士兵，即使是骑兵也无法攻破像铁蒺藜一样的部队。无论对方的攻势多强烈，结果都是不计其数的长矛刺到进攻者。

组建和指挥方阵部队都需要经过专业的训练。马其顿方阵部队的体系已经非常完备。一时之间,马其顿军中的高卢人还无法参与其中。于是,安提柯二世令高卢将领率领高卢军单独作战。在撤退过程中,安提柯二世的兵力分成两部分:方阵部队在前方,高卢人的部队在最后方。因此,皮洛士率军追到峡谷时,最先遇到的是高卢人。由于双方人数过多,整个峡谷挤满了人。

安提柯二世的军中还有大象。象群夹在方阵部队和高卢人中间。因此,如果皮洛士从后面追赶安提柯二世,会依次遇到高卢人、象群、方阵部队。

皮洛士率军向高卢人发起猛烈的进攻。高卢人进行了顽强的抵抗,但还是被打得落花流水。紧接着,皮洛士进攻象群。击败了高卢人后,皮洛士的军队士气大振,想乘胜追击。很快,他们包围了象群。象群的指挥者纷纷投降。最后,皮洛士追上方阵部队。方阵部队迅速掉转方向迎战。此时,皮洛士命将士们在方阵部队前方站定。双方都在等对方先动手。这时,皮洛士骑着战马走出队伍观察方阵部队。他突然发现方阵部队中有很多熟悉的面孔。原来，多年前，皮洛士参加过马其顿王国的不少战事，他与方阵部队中的一些将领曾经共事过。于是，皮洛士喊出他们的名字，向他们打招呼。马其顿王国的将领非常吃惊，他们没想到像皮洛士这样的大将竟记得自己的名字。接着，皮洛士劝这些将领们离开安提柯二世，因为安提柯二世根本没有继承权。皮洛士说自己才是合适的继承人，并鼓动这些将领跟自己一起打败安提柯二世。皮洛士的话很有用，那些将领很快就全部归顺了皮洛士。

很快，皮洛士占领了马其顿王国。不过，安提柯二世并没有放弃。他撤到马其顿王国的海岸线，并占领了几个小镇，但他已经丧失了马其顿国王的权力。很快，皮洛士派兵镇压了几个反抗的城邦。镇压成功后，皮洛士派高卢人负责驻守那些城邦。

战争结束后，马其顿王国百废待兴。了解皮洛士的人都知道，皮洛士根本不会处理国事。面对繁杂的政务，他一片混乱。他只会领兵作战，至于如何稳固政权，守护胜利果实，皮洛士一窍不通。

皮洛士本该用手中的权力巩固统治，从而建立一个持久稳固的政权，但皮洛士十分懈怠，他根本不理会朝政。很快，马其顿王国的百姓开始不满。皮洛士派高卢人驻守攻打下来的城池，然而，高卢人肆意妄为，压榨百姓。人们怨声载道，无奈之下，百姓向皮洛士求助，但皮洛士不管不顾。在皮洛士看来，带兵打仗是人生乐事，而处理纠纷、倾听民意则是折磨人的事。

我们不清楚，皮洛士会如何处理马其顿王国的内部矛盾，也无法想象经他治理的马其顿王国会成什么样子，因为在皮洛士即将接管政务时，发生了一件事帮他从尴尬的处境中解脱了出来。这次的情况和往常相似，皮洛士接到一个邀约，请他再次出兵。不难想象，皮洛士迫不及待地接受了邀请。事情的经过我们会在下一章详述。

第 11 章　*CHAPTER XI*

斯巴达（公元前 1000 年至前 272 年）

Sparta (B.C. 1000—272)

皮洛士收到的参战邀请来自斯巴达。斯巴达是伯罗奔尼撒半岛的一个重要城邦。这个城邦经济实力雄厚,百姓尚武。城邦的政权组织形式极为特殊。斯巴达王权分离,由两位国王联合执政。这样的形式很像罗马共和国的两个执政官的形式。不同之处在于罗马共和国的执政官是推选出来的,而斯巴达的两位国王是世袭而来的。

斯巴达的政权组织形式是这样形成的:很久以前,斯巴达国王意外驾崩,留下一对双胞胎儿子,但国王没有指定由哪个儿子继承王位。于是,斯巴达人问孩子的母亲哪一个孩子先出生,但孩子的母亲假装无法分辨。于是,斯巴达人去德尔斐求问神谕。神谕指示两个孩子都要称王,但要斯巴达人更加尊敬先出生的孩子。神谕并没消除斯巴达人的困惑。最终,斯巴达人还是没分清哪个孩子先出生的,因此也不知怎么办。

后来,有人建议观察孩子的母亲,看她最关照哪个孩子。人们猜想,如果孩子的母亲知道谁是先出生的孩子,那么在日常生活中肯定会先照顾这个孩子。斯巴达人猜得没错。他们很快就分清了谁是先出生的那一个。于是，斯巴达人按照神谕的指示，让两个孩子一起继位，但把最高荣誉给了年长的国王。两个孩子都健康长大。步入成年后，他们先后娶妻。凑巧的是，兄弟俩娶的妻子也是一对双胞胎。因此，两个王室家族联合执政的局面持续了很多年。斯巴达的政治体系虽是君主制，但有两位国王，也就是所谓的"两头政治"。

这种形式貌似完美，但在处理现实问题时显得不尽如人意，因为这种形式会导致问题频发、矛盾激化。在两百年里，斯巴达混乱不堪。就在这时，著名的政治家和立法者莱克格斯出现了。莱克格斯为斯巴达制定了一系列成效显著的法律和规章制度。这些法律和规章制度不仅恢复了斯巴达的秩序，还使这里的经济更加繁荣，从而让斯巴达声名远播。

莱克格斯的措施效果显著，不仅是因为措施本身有力，还因为莱克格斯有能力让措施迅速落到实处。莱克格斯的身份为开展工作提供了便利。莱克格斯是王室成员，他是斯巴达某位国王的小儿子，他有一个哥哥叫波吕德克忒斯。他们的父亲在一次打斗中意外身亡。其实，他父亲并没有参与打斗，而是在劝架过程中卷入打斗被菜刀误伤而亡。

波吕德克忒斯继承了王位。不幸的是，波吕德克忒斯很快就驾崩了，他没有子嗣，只留下一位妻子。波吕德克忒斯驾崩八个月后，妻子诞下一个孩子。按照当时的继承原则，这个孩子有继承权。

问题在于，波吕德克忒斯驾崩时，孩子尚未出生。在这种情况下，莱克格斯只能暂时继承王位。莱克格斯打算等孩子出生，他就立即将王位奉还。然而，波吕德克忒斯的遗孀认定莱克格斯想一直把持王权。其实是她自己野心大，一心想做王后。因此，她向莱克格斯提出了一个毫无人性的建议——只要莱克格斯答应娶她，与她分享国家权力，她愿意杀了肚子里的孩子。听到这样的建议，莱克格斯非常吃惊，但他还是假装接受了这个建议。莱克格斯告诉她，为保证安全，这件事不能由她亲自动手。于是，莱克格斯告诉她："先等一等，等你生下孩子就立即通知我，剩下的事情就交给我来办。"

莱克格斯特意交代："孩子一出生就赶紧来通知我，如果是男孩，那么不管我身在何处、忙于何事，你们都要立即把孩子抱过来。如果是女孩，就让王后好生照看。"后来，孩子出生，是个男孩。仆人立即将孩子抱到莱克格斯身边。这位残忍的母亲为了得到权力，知道仆人抱走孩子是要将他处决，竟然同意了。但莱克格斯没有让她如愿。

仆人把孩子抱给莱克格斯时，莱克格斯正好邀请了许多朋友庆贺佳节。他的朋友都是贵族、将军、大臣及其他一些王国的重要人员。这些人是莱克格斯特意请来的。莱克格斯曾特意嘱咐，无论他身处何地，只要孩子一出生，仆人必须立即把孩子抱到他身边。仆人带着孩子来到莱克格斯和朋友聚会的地方。莱克格斯接过孩子，将孩子高高举起，对着众人大声说："各位，请看，这就是我们斯巴达的新国王。"众人一听，纷纷激动地欢呼。莱克格斯给孩子取名卡里拉欧斯。这个名字是"万民欢腾"的意思。

莱克格斯的举动显现出他的高贵人格。他亲自把孩子带到众人面前，承认孩子是真正的王位继承人，然后将手中的权力全部交出去，自降为平民。从古至今，没有哪个王子能做到这一点。尽管他是王子，但愿意降为平民，这样的举动让他得到无数赞誉。莱克格斯还派人保护新国王，同时命其他人在国王成年前摄政。斯巴达的百姓都为莱克格斯的举动拍手叫好，他们更加尊敬莱克格斯了。

然而，在成就伟业前，莱克格斯注定要历经磨难。斯巴达的百姓大都非常钦佩莱克格斯，大家很信任他，但还是有人视他为眼中钉。波吕德克忒斯的遗孀很厌恶莱克格斯，因为他不仅毁了自己的大计，还拒绝娶自己，这让她的自尊心受到伤害。因此，波吕德克忒斯的遗孀和她的朋友一直暗中与莱克格斯作对。波吕德克忒斯的遗孀有个哥哥叫列奥尼达斯，他非常支持妹妹的夺权计划，经常在公开场合与莱克格斯作对。有一次，列奥尼达斯当着很多人的面对莱克格斯说："我很清楚,你表面上对王位不在意,但实际上,你对国王的关切及对国事的安排都是假象。你的目的是毁了国王,然后自己登上王位。假以时日,你一定会登上王位,到时候,所有人都会看清你伪善和邪恶的真面目。"

面对列奥尼达斯的谴责,莱克格斯没有恼羞成怒地急着反驳,他进行了冷静的分析。莱克格斯想到,现在国王还小,但世事无常,万一哪一天国王意外驾崩,那么他的敌人一定会怀疑是自己秘密杀害了国王。为彻底消除他人的怀疑,不让敌人有可乘之机,莱克格斯决定立即离开斯巴达,直至国王成年。莱克格斯将年幼的国王托付给斯巴达的老臣照看,这样就不会再有人怀疑莱克格斯会和他们勾结。同时,莱克格斯还组建了一个新的机构,这个机构代国王行使权力,直至国王长大成人。安排妥当后,莱克格斯离开斯巴达,踏上漫长的旅途。

莱克格斯离开斯巴达多年,其间,他游历了世界上的很多国家和地区。每到一个地方,他都会钻研当地的历史、政治及风俗。同时,他还会拜访当地的博学之士,并与他们沟通交流。莱克格斯首先去的是爱琴海南部的克里特岛,因为克里特岛的西部离伯罗奔尼撒半岛非常近。莱克格斯在岛上待了一段时间。参观完岛上的主要城邦并深入了解了它们的历史发展状况后,莱克格斯动身前往小亚细亚参观那里的主要城市。之后,又从小亚细亚出发去埃及,他拜访了尼罗河沿岸的主要城市。紧接着,他继续向西前进,穿过非洲北岸的各个国家,然后由非洲前往西班牙。每到一个国家他都会停留许久,直到完全了解了当地的哲学、政治、文化、艺术及社会风俗等。这些都在一定程度上反映一个国家的发展水平。

莱克格斯在外游历时,斯巴达的政治形势变得越来越严峻。虽然王位继承人卡里拉欧斯长大了,但他的统治一度陷入僵局,这让他非常尴尬和困惑。卡里拉欧斯性格儒雅,但缺乏国王应有的杀伐决断。因此,他与另一位国王的分歧不断加深。同时，两位国王与拥护自己的贵族和百姓之间也频发矛盾。斯巴达的百姓不再敬重国王，甚至开始挑战国王的权威。在这种情况下，斯巴达的百姓开始怀念当初莱克格斯组建的政权组织，起码它当时还能及时帮百姓解决各种难题。莱克格斯在位时，整个国家秩序井然。斯巴达的百姓无比怀念莱克格斯，他们认为他有远见、目标明确、意志坚定、公正无私、慷慨大方。对比现任国王，百姓更加希望莱克格斯返回斯巴达。

斯巴达的国王也期待莱克格斯回去，他们意识到政局不稳，因此非常不安。斯巴达国王和百姓先后多次给莱克格斯写信，希望他返回斯巴达，但莱克格斯拒绝了他们的请求，继续游历。

最后，斯巴达人派使者找到莱克格斯，向他陈明并分析斯巴达国内的情况及危险的处境，他们不停地请求莱克格斯回国。使者告诉莱克格斯，尽管斯巴达有两位国王，百姓仅仅只是知道国王存在，他们听过国王的名号，见过国王的王袍，但他们从未在国王身上看到莱克格斯身上那种王室气质。

最终,莱克格斯答应了使者的请求。回到斯巴达后,莱克格斯亲自了解了斯巴达的状况,他与城中最有名望的人进行了深入的交谈,并会见了自己的旧友故交。最后,莱克格斯拟订了一份计划。在征得城中大部分有名望的人的认可后,他正式将其颁布并实施。

为了让斯巴达的百姓听从指挥,莱克格斯采取的第一个举措是借用宗教的力量。他离开斯巴达去德尔斐求问神谕。回到斯巴达后,他告诉斯巴达的百姓,神谕的原话是这样的:

> 莱克格斯是神之所爱,他本人已经成圣。他制定的法律完美无缺,在这样的法律的作用下,必将有一个盛世强国崛起。

听了神谕的内容,斯巴达的百姓不觉对莱克格斯顶礼膜拜,他们纷纷奔走相告。然而,莱克格斯的目的不限于此。建立新的政权组织机构时,他特地提前一个时辰带兵守在广场上。百姓们像往常一样走上街，他们发现莱克格斯已经率兵占领了整座城市。当时，卡里拉欧斯并不知道莱克格斯的计划，他还以为莱克格斯要起兵造反，非常担心、害怕。为了逃命，卡里拉欧斯竟然躲到一个神殿里。莱克格斯赶紧派人告诉卡里拉欧斯，此次行动既不会威胁到他的生命安全，也不会威胁到王权。听完解释，卡里拉欧斯终于冷静下来，并开始和莱克格斯一起实施计划。

至于莱克格斯究竟建立了一个怎样的政府，以及建成了怎样的政权组织机构，我们在这里就不一一叙述了。不过，人们需要知道的是，莱克格斯为斯巴达建立了当时世界上最先进同时也是最严苛的政治体系。在这一体系下，斯巴达发展成为当时最强大的国家之一。斯巴达的百姓人人皆可参战。不管遇见什么困难和挫折，他们都能想办法让所有人安然度过，并且不分老幼、无论男女、不管贫富，都能平等对待。在斯巴达，人们崇尚勇敢和坚韧，提倡保持持久的忍耐力和对伤痛的承受力，人们普遍蔑视财富和奢侈的生活方式。莱克格斯并没有将这种政治体系以书面形式记录下来，他也不允许其他人记录。他只是把这一体系构建起来，然后任其发展。莱克格斯按计划组建了新政权，颁布了法律，帮斯巴达百姓重建了生活秩序，整顿了风俗。结束后，他决定离开斯巴达，等待这些措施生效。莱克格斯告诉斯巴达的百姓，他打算再次离开，并把新政权交给斯巴达百姓，他要求他们不得擅自修改这一体系，直到他再次返回斯巴达。其实，莱克格斯并没有打算返回斯巴达。

这就是斯巴达政治体系的起源和特点。在皮洛士所处的时代，斯巴达的政治体系已经运行了五百年。其间，斯巴达发生了巨大变化，经历了多次侵略与反侵略战争，历经磨难的同时，还要面对国内的发展难题。即便如此，斯巴达依旧保留着莱克格斯创立的政权组织机构的特点。斯巴达人威名远播，无论做什么，他们身上都能表现出一种不屈不挠、严肃坚韧的品质。

现在，斯巴达人向皮洛士写信求援，是因为斯巴达王室内部有了纠纷。请求皮洛士出兵的是克利奥尼穆斯。他是斯巴达某位国王的小儿子,他有个哥哥叫阿克罗塔图斯。父亲驾崩后,王位该由阿克罗塔图斯继承,但阿克罗塔图斯早早过世了,留下一个儿子阿利乌斯。此时,阿利乌斯已步入中年,并育有一个儿子。阿利乌斯宣称他要继承王位。

克利奥尼穆斯不想让阿利乌斯继承王位,因为他是先王的儿子,而阿利乌斯只是先王的孙子。克利奥尼穆斯认为自己有优先继承权,但他的观点被驳回。阿利乌斯顺利登上了王位。

继位后不久,阿利乌斯就将斯巴达交给儿子管理,而他自己离开斯巴达去了克里特岛。阿利乌斯的儿子也叫阿克罗塔图斯。克利奥尼穆斯一直对阿克罗塔图斯心怀不满,他处处针对阿克罗塔图斯。后来发生了很多事,在这里我们就不一一叙述了,但其中一件事彻底激怒了克利奥尼穆斯。事情是这样的:

克利奥尼穆斯虽然年事已高,但他娶了一个

非常年轻的妻子，叫契洛妮斯。契洛妮斯是一位公主，长得非常漂亮。然而，契洛妮斯一点儿都不爱自己的丈夫，她非常爱慕阿利乌斯的儿子阿克罗塔图斯，最后甚至弃克利奥尼穆斯而去。这让克利奥尼穆斯既嫉妒又愤怒。于是，克利奥尼穆斯离开斯巴达。他找到皮洛士并向皮洛士说明情况，请皮洛士出兵伯罗奔尼撒半岛，帮他赶走篡位者，助他登上斯巴达王位。皮洛士立刻意识到这是一次很好的机会，于是立即决定抛下马其顿王国的事，向希腊进军。

第 12 章　　CHAPTER XII

皮洛士的最后一战（公元前272年）

The last Campaign of Pyrrhus (B.C. 272)

接到克利奥尼穆斯的邀约后，皮洛士立即开始大规模备战。他把伊庇鲁斯和马其顿王国的兵力集结到一起。为了筹集军用物资，皮洛士向百姓征收各种赋税。此外，他还安排了其他准备工作。这些准备工作耗时耗力，等到万事俱备，一年过去了。最终，皮洛士集结了两万五千名步兵、两千匹战马及二十四头大象。当时，皮洛士的两个儿子托勒密和赫勒诺斯还小，还无法在皮洛士征战期间接管马其顿王国和伊庇鲁斯。因此，皮洛士决定让他们随军同行。当时，皮洛士已经四十五岁了。

克利奥尼穆斯一直以为，皮洛士出征斯巴达的目的是协助自己将阿利乌斯赶下王位，并扶植自己登上王位。然而，皮洛士并不是这么打算的。皮洛士的目的是以克利奥尼穆斯的名义进攻斯巴达，推翻国王的统治，占领斯巴达。皮洛士当然不会把这个计划告诉克利奥尼穆斯。

皮洛士的军事指挥才能世人皆知。现在，皮洛士率大军压境，斯巴达的百姓非常紧张。不过，他们并没有惊慌失措，而是立即开始准备防御。斯巴达人甚至派出使者求见皮洛士，询问他此行的目的。皮洛士给了一个模棱两可的回复，他说自己针对的不是斯巴达，而是伯罗奔尼撒半岛的其他几个城市。皮洛士说这几个城市一直处于其他国家的控制之下，现在他是来帮他们驱逐他国势力的。然而，斯巴达人并没有相信皮洛士的话。皮洛士知道瞒不了多久，他这么说只是为了争取备战时间。

皮洛士的大军不断向斯巴达开进，他在沿途不断攻占劫掠斯巴达境内的小城。斯巴达人再次派出使者，谴责皮洛士不遵守邦国间的契约，在没有宣战的情况下就开始行动。

皮洛士回复道："难道你们斯巴达人在行动前会把作战计划告诉别人吗？"其实，这种回答间接承认出征目标就是斯巴达。使者们意识到这点后，开始挑衅皮洛士。

使者们说："想攻打斯巴达，尽管放马过来。不管你是神还是人，我们都不怕。如果你是神，那么你就不会想伤害我们，因为我们之前从未冒犯过你；如果你是人，那么你绝对伤不了我们，因为我们斯巴达的将士足以将你们打得落花流水。"然后，使者们返回斯巴达，立即加紧备战。

皮洛士率军继续前行，傍晚时分终于到了斯巴达城下。克利奥尼穆斯非常了解自己的对手。因此，他不断催促皮洛士立即进攻，如果晚一天行动，城内的防御工事就会更加坚固。然而，皮洛士想在第二天发起攻击，他相信自己一定可以攻下斯巴达，所以一点都不着急。其实，皮洛士不想在晚上进攻是因为如果晚上攻城士兵们一定会趁机抢掠战利品，这样战利品就不属于自己了。如果是白天作战的话，士兵们就会有所收敛，也更愿意听从指挥。因此，皮洛士决定安营扎寨，稍作休息，第二天一早再行动。

在皮洛士下令休整时，斯巴达城内则十分繁忙。斯巴达元老院内人头攒动，元老们正在紧急商议对策。众人一致决定让城中的妇女先撤离，以防第二天皮洛士率军攻城时她们遭遇灾难。人们打算让妇女们悄悄地从斯巴达城的后门撤离，然后去岸边乘船或战舰到不远处的克里特岛。这样一来，无论斯巴达的将士面临何种局面，他们的妻女都可以活命。很快，这一决定就传遍了斯巴达城。然而，城里的妇女们坚决反对这一计划。她们坚定地说，她们绝对不会在遇到这种险境时抛弃自己的父亲、丈夫和兄弟而苟活。这些妇女委托公主阿基达米娅将她们的想法转达给元老们。于是，阿基达米娅手里握着一把剑，勇敢地闯入了元老院打断元老们的讨论。她大声质问元老们："你们怎么能想出这种办法呢？如果国破家亡，爱人尽失，我们独活又有何意义？"她还说，"我们不稀罕这种活法，要活就一起活，要死就一起死。让我们留下来为保家卫国献上一份力量吧！"元老院的人同意了阿基达米娅的请求，不再坚持送她们离开。于是，他们开始商议具体的防御策略。

当元老院里众人忙到焦头烂额时，斯巴达城中的一个地方却是截然不同的景象。这个地方就是克利奥尼穆斯的宫殿。克利奥尼穆斯宫里的人都急切地盼望主人回城。他们相信，克利奥尼穆斯和皮洛士的大军当晚一定会发起进攻，并且一定会获胜。他们甚至想到，一旦占领斯巴达，克利奥尼穆斯就会第一时间带着盟友回宫。因此，克利奥尼穆斯的宫殿里显得十分繁忙，人们抓紧时间收拾、装饰房间，甚至提前安排了各种娱乐节目，想到时候好好招待克利奥尼穆斯和他的盟友。

此时，年轻漂亮的契洛妮斯并不在克利奥尼穆斯的宫殿里，她很久以前就离开了。此刻，听到克利奥尼穆斯即将回城的消息后，契洛妮斯感到非常不安。她很清楚，如果克利奥尼穆斯攻下斯巴达城，那么她一定会落入克利奥尼穆斯的手中。她已经想好了，如果事情真的发展到那一步，她绝不苟活。她回到房间，在脖子上系了一根绳子，坐等攻城的消息。她的计划是，一旦皮洛士顺利攻下城池，她就立即自尽。

此时，斯巴达的将领们也在加固防御工事，积极备战。他们不想一直守在城里等待皮洛士进攻。斯巴达人本就英勇无畏。因此，在发现皮洛士并没有打算在夜里进攻时，他们决定第二天趁早主动开战。

斯巴达人十分勇猛。不同于希腊的其他城邦，斯巴达周围没有建造城墙等防御工事。因为斯巴达人守卫城邦依靠的不是堡垒和哨塔，而是力量和勇气。不过，斯巴达人并不小看防御工事的重要性。此刻，趁着夜色，他们准备在敌军的必经之路上建防御墙。准备工作有条不紊地展开。当然，人们不会让军中将士做这份差事，因为他们第二天要战斗，必须保存体力。于是，城中的小孩、老人、妇女纷纷卷起袖子挖壕沟，建防御墙。读者们千万不要把体态优美、举止优雅、胆小脆弱等常被理所当然用来形容女性的词用到斯巴达妇女身上，这些斯巴达妇女从小就接受训练，不仅吃苦耐劳，还极其勇敢。她们从小就被大人带着参加摔跤比赛及其他活动，所以能忍受辛劳，不屑无谓的礼教。因此，无论从外貌还是行为举止来看，斯巴达的女性都很像男人。正如阿基达米娅持剑进入元老院勇敢地站到元老们面前表达斯巴达女性不同意从城中撤离那样，这种举动才是在斯巴达妇女中常见的。总之，斯巴达的女人非常勇敢，她们意志坚定,像斯巴达的男人一样坚不可摧。

斯巴达的百姓忙了一整晚。小孩和老人进进出出,忙着运送挖壕沟的工具,或是为挖壕沟的人送水送饭。城里的将士则尽职尽责地守在岗位上,等待第二天一早出城迎敌。斯巴达人挖的壕沟又宽又深,足以困住敌军的大象和战马。斯巴达人在壕沟的两端都用了马车加固,他们将马车的一半埋入土中来确保壕沟牢固。所有防御工事都是这样安安静静地完成的。夜间,皮洛士没有带人偷袭斯巴达城。到清晨时分,斯巴达城里一切准备就绪。

天蒙蒙亮时,皮洛士的营地里有了动静。同时,斯巴达城内也忙碌起来。城内的将士们拿起兵器列阵迎敌。此时,斯巴达妇女聚集到队列周围,一边帮助将士们整理兵器,一边用话语鼓舞将士们。她们说:"守卫斯巴达城是你们无上的荣耀,我们在这里见证你们的荣光。在战场上,即使你们倒下了,你们的母亲和妻子也会立即来到你们身边,给你们最大的抚慰和支持!"

斯巴达士兵出城应战,战斗开始。很快,皮洛士就发现，斯巴达人的壕沟严重延缓了他的攻城进度。战马和大象根本跨不过壕沟，军中将士即使能成功地越过壕沟，也无法越过壕沟旁的防御墙。因为防御墙那里土质松软，坡度很大，将士们没有支撑点。皮洛士绞尽脑汁想把壕沟两端的马车挪开，但努力了很久都没有成功。最后，皮洛士的儿子托勒密想了一个办法。他采取迂回策略，带领两千名高卢士兵，绕到另一侧占据了有利地点。斯巴达人拼死抵抗。然而，高卢人逐渐占了上风，成功地把数十辆马车从土里拽了出来。最后，他们将马车拖离壕沟，扔到河里。

读者应该还记得，阿利乌斯离开斯巴达去克里特岛时，将斯巴达的统治权交给了儿子阿克罗塔图斯。此刻，阿克罗塔图斯看到托勒密带领士兵将马车移开了，他立即决定去阻止。阿克罗塔图斯带了一支两三千人的队伍，从壕沟另一侧绕出斯巴达城。他也采取迂回策略，绕到托勒密身后，对正在处理马车的高卢人发起猛烈进攻。高卢人拼尽全力对付前方的斯巴达人，没想到此刻后方又有敌军来袭。战局迅速反转，高卢军很快陷入混乱。阿克罗塔图斯大获全胜。他率军返回斯巴达城时，浑身是血、气喘吁吁，已经精疲力竭。看到阿克罗塔图斯凯旋，斯巴达的百姓纷纷列队欢迎，他们高声欢呼着。斯巴达的妇女们围在阿克罗塔图斯身边，不停地表达感激之情。她们还说："回去找契洛妮斯吧！她是你的，你值得拥有她。我们都很羡慕她有你这样的爱人！"

　　战事持续了整整一天。夜幕降临时，皮洛士发现自己的攻城计划没有取得明显的进展。于是，他不得不将其他作战计划推延到第二天。皮洛士像往常一样去休息，第二天早上他醒得特别早，并且精神饱满。他把几位将领召来，对他们说自己昨晚做了个梦，他觉得这个梦预示着第二天的战斗一定会取得胜利。皮洛士说他梦见飞镖如闪电般从天而降，斯巴达城成了火海。皮洛士认为，这个梦是一种预兆，预示着他们当天在战斗中会大获全胜。于是，皮洛士命各位将领立即回去集结队伍。他准备再次攻城。

我们不确定皮洛士是真的做了这样的梦，还是为了鼓舞士气编的谎言。无论这个梦是否是真的，反正最后现实情况与梦境相反。皮洛士的将领们说这个梦不吉利，因为占卜术里有这样一个说法——闪电所到之处皆能成圣。霹雳闪过的土地，人们不能踩踏。将士们认为，皮洛士梦到闪电落入斯巴达城，预示着斯巴达城有神的庇佑。这个梦是警告皮洛士不要去骚扰斯巴达人。皮洛士发现将士们对梦境的解读和自己的不一样，连忙换了说辞，声称这个梦与此次战事无关。皮洛士还说，占卜术只能骗无知和迷信的人，完全骗不了真正聪明的人。他说："你们应该相信可靠的东西。你们手中有兵器，你们还有我，这就能保证获胜了。"

我们不知道皮洛士的话给了将士们多少安慰，但战事进展的确偏离了皮洛士的预期。战事开始时，皮洛士占上风，斯巴达城好像要落入皮洛士的手中了。皮洛士的计划是把斯巴达人的壕沟填平。他命将士将土、石块、木头、树桩等东西填到壕沟里，甚至还将战死将士的尸体也扔进壕沟。尽管手

皮洛士再次率军攻城

段残忍,但最后他们还是把壕沟填平了。于是,皮洛士再次率军攻城。防御墙上的斯巴达人拼死抵抗。在对抗的过程中,斯巴达的女人们也没闲着,她们将水和干粮源源不断地送往前线,使斯巴达将士可以随时补充体力,同时她们还将那些受伤、濒死的将士带回去,并把死去将士的尸首也运回城里。

终于,皮洛士率领军队顺利地从防御墙的缺

口处冲进城。进去后，士兵们开始大声欢呼，他们兴奋地往前冲。一切似乎已成定局，斯巴达军队好像落败了。然而，一件突如其来的事迅速扭转了局势。一个斯巴达人朝皮洛士射了一箭，利箭射中了皮洛士胯下的战马。战马伤得很重，突然前腿跪地，将背上的皮洛士摔倒在地。这一幕让皮洛士身后的大军停了下来。骑兵营的将士赶紧冲过去解救皮洛士。这给了斯巴达人喘息的机会，他们迅速整顿队伍。马其顿将士带着皮洛士再次冲了上去。等稍微恢复过来后，皮洛士发现将士们士气低落、冲劲不足，他不知道这是久攻不下斯巴达城还是自己意外摔下马造成的。皮洛士预测，当天肯定攻不下斯巴达城，与其让将士们在战场上进行无谓的战斗，还不如保存实力。于是，皮洛士下令撤回军营。

皮洛士还没来得及发动第三次进攻，战局就完全逆转了。读者们应该还记得，皮洛士出发攻打斯巴达时，斯巴达的国王阿利乌斯去了克里特岛，他把军权交给儿子阿克罗塔图斯。同时，斯巴达的另一位国王因其他原因而不怎么参与政事，史书很少提到他。听说皮洛士要攻打斯巴达，阿利乌斯立即带大军返回斯巴达。皮洛士第二次攻城失败后，阿利乌斯率领两千名精兵抵达了斯巴达城。同时，还有一支援军正离开科林斯赶往斯巴达，这支军队主要由伯罗奔尼撒半岛北部的斯巴达人组成。援军让斯巴达城内的百姓高兴得手舞足蹈，他们感到特别踏实、安心。看到斯巴达的兵力充足后，城中的老人和女人就安心地退出战场，回家休息。

尽管如此，皮洛士却没有放弃。敌军援兵的到来激起了皮洛士的斗志。他下定决心要攻下斯巴达。于是，皮洛士接二连三发起进攻。不幸的是，每次都以失败收场。最终，皮洛士不得不放弃攻城。他撤到斯巴达城外不远处，在那里建立了长期作战基地。其间，皮洛士的军队物资严重不足，他就命人在周边地区不断地烧杀抢掠。他始终不肯撤军，因为皮洛士咽不下这口气。对他来说，兵败斯巴达简直是奇耻大辱，因此他一直伺机报复。

当皮洛士进退两难时，阿尔戈斯向皮洛士发出了参战邀请。阿尔戈斯是伯罗奔尼撒半岛北部的一座城市。此时，阿尔戈斯爆发内战。一名阿尔戈斯将领十分了解皮洛士，知道皮洛士热衷于应邀参战，因此请求皮洛士出兵援助。皮洛士本就攻不下斯巴达，阿尔戈斯的邀请恰好给了皮洛士从斯巴达撤军的理由。因此，皮洛士立即决定离开斯巴达，率军北上，但斯巴达人不会允许皮洛士全身而退。斯巴达人无法在战场上打败皮洛士，他们就调集全部兵力阻挠皮洛士撤军。他们在皮洛士必经的峡道伏击皮洛士的军队，他们还拦截了皮洛士的小分队，抢夺、破坏他们的辎重。皮洛士不堪其扰，于是派遣自己的儿子托勒密率军抵抗。托勒密英勇无敌，率军与斯巴达人展开斗争。激战中，一位力大无比、身手敏捷的克里特人骑马奔向托勒密。在接近托勒密时，他挥动手中的兵器奋力一击，托勒密随之倒地。看到托勒密从马上摔落，部下非常害怕，赶紧掉转方向，快马加鞭回去向皮洛士禀报。

可想而知，听说托勒密战死的消息后，皮洛士快气疯了。为了给托勒密报仇，他立即率领一支骑兵原路返回。到达斯巴达人的驻地后，皮洛士就大开杀戒，身后全是斯巴达人的尸体。而其实皮洛士的处境相当危险。当时，他与一个叫伊瓦库斯的斯巴达人打斗。伊瓦库斯挥动兵器攻击皮洛士的头部，但没有击中，兵器从皮洛士的眼前划过，切断了战马的缰绳。就在此时，皮洛士用手中的矛刺穿了伊瓦库斯的身体。皮洛士无法驾驭战马，于是，赶紧从马上跳下来继续战斗。其他斯巴达人则拥上来解救伊瓦库斯。双方再次陷入激战，死伤无数。最终，皮洛士率兵撤退，斯巴达人也撤军。皮洛士报仇后，心里痛快多了，于是继续前往阿尔戈斯。

抵达阿尔戈斯前，皮洛士就碰到了安提柯二世率领的敌军。他们在阿尔戈斯城外的小山上等着皮洛士来。一路走来，皮洛士打了不少败仗，经历了太多扫兴的事，他的心中压抑了太多怒火，无处发泄。现在，他看起来已经不像正常人，更像一头蓄势待发的猛兽。皮洛士派使者前往安提柯二世的营地不断挑衅,他想让安提柯二世走出营帐与自己决斗。然而,安提柯二世淡然地说,时间和刀剑都是他的武器,此刻他还没准备好。安提柯二世还说,如果皮洛士实在等不及,他可以替皮洛士想办法。

皮洛士在阿尔戈斯城外待了一段时间。在此期间,阿尔戈斯城的百姓及城里各个派别进行了多次讨论,大家一致认为要提防强大的敌人攻占城池。最后,城外的两支军队约定同时撤军。但皮洛士并不打算遵守承诺。皮洛士趁阿尔戈斯人放松警惕之机,在夜色的掩护下率兵悄悄来到阿尔戈斯城门口。城内有皮洛士的同伙,他打开城门,让皮洛士的大军进入阿尔戈斯城。皮洛士下令全军保持安静,悄然前行。一大批高卢兵力驻扎在阿尔戈斯城的广场上,其间他们没有发出任何声响,没有惊动当地的百姓。为了让这个故事显得更真实一些,我们猜想阿尔戈斯城的哨兵和门卫都已经归顺了皮洛士一方。

等步兵进城后,皮洛士命人将大象带进城。大象被牵到城门口时，人们才发现城门太低了，如果不把大象身上的箭塔取下来，大象就进不去。于是，将士们只好卸下大象身上的箭塔，打算等大象进城后再把箭塔安回去。卸除和安装箭塔都需要悄悄进行，比较麻烦。最后，安装弄出的声响惊动了周边的居民。很快，全城的人都醒了，城中将士赶紧集合。皮洛士也迅速赶往阿尔戈斯城广场，把那里当成暂时的营地，他分别安排好象群、战马及步兵，力图做好防御措施。阿尔戈斯城的百姓纷纷向安提柯二世求援。安提柯二世的军队立即展开行动。安提柯二世派了几支分队火速赶往阿尔戈斯城。一切都是在黑夜中进行的，惊醒的阿尔戈斯百姓茫然失措，非常害怕。此时，斯巴达国王阿利乌斯一直率兵跟在皮洛士后面，最后也到达阿尔戈斯城。之前，阿利乌斯一直密切关注着皮洛士的一举一动。此刻，阿利乌斯也率军闯入阿尔戈斯城，不断攻击城里的马其顿士兵。无论在哪儿，斯巴达士兵只要遇到了马其顿士兵就绝不手软。一时之间，阿尔戈斯城里到处都是哭声、尖叫声及咒骂声，整个城市陷入混乱中。

斯巴达人突袭带来的恐慌只是暂时的，他们很快就发现在夜间战事进行不下去。夜色太浓，士兵们无法分清对方是敌是友。到处都是尖叫声，士兵们听不清将领的指挥，无法按命令行事。兵力太过分散，有的士兵在窄巷中迷路了，有的掉进了阴沟里。他们都指望着将领能发现并解救他们，但等待他们的只有无尽的黑暗。最终，所有人都不约而同地停止作战，一起等黎明到来。

当清晨的第一道曙光出现，能看见周围的环境时，皮洛士惊恐地发现阿尔戈斯城的城墙上已有重兵把守。再环顾四周，皮洛士发现自己的劲敌也到城内了。天渐渐亮了，皮洛士终于能看清广场了，他发现广场上有各种各样的雕像。当这些雕像映入眼帘时，皮洛士感到非常惊讶、恐惧。他看到一座狼与公牛交战的铜质雕像。很久以前，有一个占卜师告诉他，如果哪天他看到了狼对战公牛，就说明他的死期近了。皮洛士一直以为，要看到这样的画面，应该是在密林或山间等人迹罕至的地方。

皮洛士从来没把那个预言放在心上，也从来没想过他真的会看到这个场景。看到雕像时，他想起了之前的预言。又想到目前的处境，皮洛士顿觉惶恐不安。皮洛士害怕死期真的到了，于是打算尽快从这个危险的地方撤出。

撤退特别麻烦。城门很窄，而皮洛士率领的军队人数众多。在撤退过程中，他们会遭遇附近敌军的攻击。将士们撤退心切，到时候大军一定会陷入混乱，城门也会被堵住。突然，皮洛士想起，自己的儿子赫勒诺斯还率大部队驻扎在阿尔戈斯城外。于是，他立即派人给赫勒诺斯送信，命他率军摧毁城门附近的城墙，这样他就可以率兵从缺口撤到城外。在此期间，皮洛士一直待在广场附近。时间慢慢过去了，皮洛士觉得赫勒诺斯应该收到信了，此刻应该已经开始行动了。从早上开始，敌军发起总攻，形势已变得十分危急。混乱中，皮洛士率军向城门方向撤。皮洛士军中所有人都以为，等他们撤到城门时，赫勒诺斯应该已经摧毁了城墙，他们到时就会看到一个特别宽敞的缺口，就可以轻松地撤离战场了。然而，实际情况不是这样的。当皮洛士率军到达城门时，他们看到无数士兵拥向阿尔戈斯城，将出城的道路死死封住。赫勒诺斯似乎误会了皮洛士的意思，他以为皮洛士是想让他进城支援。马其顿士兵的拥入让战局更加混乱。皮洛士手下的将领们大声呼喊，他们想让赫勒诺斯退到城外。然而，在混乱喧嚣的战场上，声音再大也听不到。即使听见了，将士们也执行不了，因为往城里拥的士兵身后还有不计其数的将士在拼命往里面冲。混乱的局面让皮洛士手下的将士们十分恐慌，他们开始疯狂地往城外冲。接下来就出现了更混乱、血腥的场景。人们开始相互推搡，甚至踩踏，人群中不时传来撕心裂肺的哭喊和号叫。士兵、战马及大象混在一起，现场混乱不堪。如果此时从上空往下看，就会看到人和牲畜混在一起，到处都是疯狂的扭打和踩踏的现象。实际上，现场已经完全不是战场了。如果此时有人拔出剑或举起长矛，那么他的兵器很快就会被周围的人压住，完全动不了。人们受伤，要么是由于推搡挤压，要么就是被大象或战马踩到了，要么就是被人踩伤了。

象群让场面更加混乱。一头大象倒在城门口站不起来，一直发出恐怖的叫声。驾驭大象的人不知是被飞镖还是长矛伤到，从象头摔到了地上。大象不想失去主人，变得非常狂躁，转身去救主人。它用自己的身躯把挡住它去路的人撞到两边，然后小心翼翼地用象鼻将主人放到自己背上，然后冲出人群，而挡路的人全被它踩到脚下。为纪念这头忠心耿耿的大象，人们就给它取名尼肯。

皮洛士一直在大军后方，那里踩踏情况不太严重，但他要一直对付追兵。形势越来越危急，皮洛士从头盔中抽出那束象征自己身份的羽毛，然后将它交给身边的一位朋友，这样他就不会一直成为敌军穷追不舍的目标了。这时，皮洛士的部下还在抵抗追兵。后来，一个阿尔戈斯人用力将一把标枪掷到了皮洛士身上，标枪刺穿了皮洛士的护胸甲，伤到了皮洛士，但伤口并不致命。这一举动激怒了皮洛士，皮洛士愤怒地转向那个人，想消灭他。皮洛士差一点儿就击中他了。凑巧的是，那个人的母亲一直在房顶上观战。看到儿子身处险境，老母亲立即从房顶上取下一块特别重的瓦片，然后拼尽全力砸向皮洛士。瓦片从天而降，狠狠地砸到皮洛士的头盔上，头盔被砸掉了，也将皮洛士砸倒在地，使他尾骨粉碎。

皮洛士手中的缰绳脱落，他从马上重重地摔到地上。然而，皮洛士手下的人并没有看到他倒下。现场十分混乱，皮洛士和他的朋友们被人群冲散了。皮洛士倒地后，他身边的人还在奋力往前冲，想冲出城门。皮洛士就那样孤零零地躺在地上。最后，安提柯二世手下的将领佐庇鲁斯认出了皮洛士，赶紧命人将皮洛士提起来拖到了附近的一个柱廊边。佐庇鲁斯拔出剑，想将皮洛士的头砍下来。就在这时，皮洛士突然睁开眼睛，眼球还转动着，这一幕吓坏了佐庇鲁斯。佐庇鲁斯的手不停地颤抖，所以没能一刀砍掉皮洛士的头，只是砍到了他的嘴和下巴。于是，他不停地砍，直到皮洛士身首异处。

很快，安提柯二世的儿子阿尔库俄纽斯来到柱廊边。听说了事情的经过后，他立即命人把皮洛士的首级拿给他。拿到皮洛士的首级后，他立即骑马去找安提柯二世。当时，安提柯二世正在和朋友聊天。阿尔库俄纽斯以为父亲见到皮洛士的首级一定会很开心，就将皮洛士的首级扔到父亲脚边。看到皮洛士的首级，安提柯二世非常震惊。他严厉批评了阿尔库俄纽斯的残暴行为，然后命人将皮洛士身体取来，为皮洛士举行了盛大的葬礼。

不可否认，皮洛士是一位内心强大、能力超群的军事领袖。他天赋异禀、足智多谋，是西方历史上不可多得的旷世奇才，虽然皮洛士并没有建立大业，但他总是遵从内心，每次都毫不犹豫地冲向战场。即使不做规划，也没有明确作战目标，甚至不清楚作战对象，皮洛士也能勇敢出击，摧毁敌人。皮洛士引发了多次动荡和混乱。他杀敌无数，征服了数个王国，但他统治这些王国的时间都比较短，并且他不懂得如何管理国家，所以最后留下不少祸患。皮洛士的足迹遍布各地，他善变的性格

皮洛士之死

让他最终与"伟人"的称号失之交臂。他的军事行动掀起了无数血雨腥风,让人们的生活动荡不安,但这一切并非他的本意。事实上,皮洛士身上有一种慷慨的气质,尽管在后来的岁月中,他历经沧桑,这种气质也被消磨殆尽。然而,他的初衷从来不是为世间带来疾苦,而是为了向人们证明他有成就大业的能力。

(根据哈珀兄弟出版公司出版的英语版译出)